U0934995

黄海明月 著

山东美术出版社

LOVE

序

从最初的易趣、淘宝，到越来越多的专业购物网和越来越火的团购，不知不觉，我们的消费已经被网络所覆盖，小到针线钮扣，大到家具、汽车，甚至远在大洋彼岸的奢侈品……几乎没有什么是我们不能在网络上买到的。

不论你是购物狂还是宅一族，或多或少都会有过网购的经历。年轻女性无疑是网购的主力军，淘宝上卖得最好的就是女装，美容护肤品、配饰、各种可爱小物也都是女孩子热衷的战利品。坐在电脑前，轻点鼠标，网银支付或者货到付款，过几天，选中的产品就送到家中，拆包裹的感觉就跟拆生日礼盒一样美妙。往往有过几次满意的网购经历，就很容易欲罢不能，因为网购是如此便捷而且实惠。但是，要想在茫茫网海中淘到心仪且价廉物美的好东西，有时也很费眼力，“为什么同样一件衣服有这么多不同的价格？”“为什么收到的货跟网店上的图片不一样？”“这个尺码到底合不合适我呢？”你是不是也常有这类的疑问？面对网络上产品的不可触摸性，多对比、多询问、动手量能够减少错误选择的几率。网购降低了销售渠道中的许多成本，价格比实体店低几乎是一定的，但质量呢？服务呢？物流和售后呢？

尽管如今网购消费者权益保障和支付安全已经逐渐完善，但我们还是要尽量避开可能存在的消费陷阱，抢拍、秒杀、满百包邮、金币换购……别为了所谓“诱人折扣”而冲动消费，再便宜也别买用不上的东西，好的店铺收藏起来，好的宝贝与别人分享，当权益受到侵害时，要理直气壮地维权！相信看完这本书，你会变成一个精明的网购达人哦！

Contents

BE MY VALENTINE

FRANCE
Fashion

开通网银，血拼的开始

BLOG 1

作为一个保守的消费者，以前我一直比较信赖一手交钱一手交货的传统支付方式，但能够支持货到付款的网店实在有限，大部分时候，我都是厚着脸皮跟朋友拼单，等到货的时候再把货款还给朋友。可是随着我网购次数的增加，找不到人拼单的时候，总不好意思每次都麻烦朋友帮我拍下付款吧，于是决定，还是自己开通个网银吧。

网上银行支付

如果想要方便地进行在线支付，仅仅有一张银行卡是不够的，还需要为银行卡开通网上支付功能。在选择开通哪家银行的时候，建议是优先考虑离自己最近最方便的银行。

我的储蓄卡是建行卡，我家附近正好有家建设银行，于是我就到银行柜台开通。为了银行账户安全，我设置每天每次网上交易的金额不超过300元，其实这张卡我主要用于网上购物充值，很少会直接转账，因为万一卖家不肯退款就麻烦了。

开通网上支付是网上血拼第一步。

工行首页 | 企业网上银行 | English
建议将分辨率调整为1024*768（举例）可获得最佳使用效果

ICBC 中国工商银行 个人网上银行 金融@家

系统公告： 工行推出贵宾版个人网银 预存数字电视收视费 送精彩付费频道!

安全须知+在线杀毒 金融@家能作什么 我要注册 开始使用

用户管理
网上银行自助注册
找回用户名（ID）
自助冻结网上银行登录
自助注册国际卡密码重置
存折版登录
手机银行（WAP）自助注册
手机银行（短信）自助注册

个人网上银行登录
卡（账）号/用户名：6222000200105495588 找回用户名
版本：8.7
登录密码：●●●●●●
验证码：1111 1111

您使用网上银行，须阅读并遵守《中国工商银行电子银行章程》、《中国工商银行电子银行个人客户服务协议》和《中国工商银行个人网上银行交易规则》，如您使用贵宾版个人网上银行还须阅读并遵守《中国工商银行贵宾版个人网上银行服务须知》。

登 录

重要提示 如果您是第一次在本计算机上使用网上银行，请按照系统设置指南进行必要的设置。

网银助手
热点问题> 工行论坛>
安全提示> 动态演示>

风险提示 更多 >>
- 您每次使用网上银行后，请点击页面右上角的“安全退出”结束使用，并拔出U盾妥善保管。
- 请您网上购物进行支付时，不要开启操作系统、MSN和QQ等工具的远程协助功能，一定要在核对支付金额和订单金额无误后再确认支付。
- 请您在登录网上银行和进行网上支付时，要注意防范假冒工行网站的欺诈。为帮助您识别假网站，我行为您提供了防钓鱼网站安全控件，请及时下载安装。

金融@家 多款惊喜好礼！等你拿！
庆祝新中国成立六十周年 工行贵宾网银客户享大礼

特别关注 HOT
- 如您使用过程中遇到控件下载问题，请安装网银控件程序。
- 如果您是首次使用本机登录网上银行请先阅读系统设置指南。
- 2007年工行电子银行荣获16项国内外荣誉。

网站地图 | 联系我们 | 网站声明 | 服务网点 | 服务热线 95588 中国工商银行版权所有 京ICP证 030247号

我办理的自然是目前最通用的支付宝卡通，直接与建行储蓄卡绑定。我一般不会一次性往支付宝账户里充很多钱，只有真正需要购买的时候才充值，这样就不会胡乱买些不实用的东西啦。要知道网购虽然便宜，但不一定省钱哦。

经过第三方支付平台进行网上支付是现在最为遍及的支付方式。每次消费时，我们的钱并非直接打进商家的账户，而是被转存到第三方支付平台上，在收到货品验证无误后确认支付，商家才真正收到货款。如果对收到的货品不满意，可以与商家协商“申请退款”，对方确认收到退货后，货款就会安全回到买家的账户。不过，出于对卖家的保障，通常在卖家发货后一定日期内，如果买方不进行“确认收货”并支付的话，第三方支付体系就会默认将钱支付给卖家。

国内主流第三方支付四大体系——

支付宝支付
淘宝网平台支持的网上中间保障式支付方式。

安付通支付
易趣网购平台支持的网上中间保障式支付方式。

财付通支付
QQ拍拍网购平台支持的网上中间保障式支付方式。

百付宝支付
百度网购平台支持的网上中间保障式支付方式。

国内淘宝达人钟爱的第三方支付平台。

出来刷，总是要还的
信用卡还款就用支付宝
立即还款
到账快 还免费！

支付宝所有支付方式

支付方式	使用范围	特点
支付宝账户余额	语音支付：拨打语音电话支付 WAP支付：手机登录WAP支付	先充值后付款，无限额。
支付宝卡通	支持 47 家银行 语音支付：拨打语音电话支付 WAP支付：手机登录WAP支付	无需开通网上银行， 无需进入银行页面付款。
网上银行	支持 15 家银行	需开通网上银行， 在网银页面付款。
信用卡支付	支持 10 家银行 支持淘宝商城购物	无需开通网上银行， 支持大额付款， 需进入网银页面付款。
国际visa卡支付	香港及台湾地区用户， 现只支持淘宝购物	支持海外用户淘宝购物， 信用卡或借记卡开通 全球通用支付验证功能。
网点支付	25个大中城市的80000个网点	线下付款，现金刷卡均可。
消费卡支付	支持百联OK卡、手机话费充值卡 （联通一卡充、神州行卡）、便利通卡	进入发卡商网站， 先充值后付款，无限额。

支付方式	使用范围	特点
货到付款	仅限淘宝商城购物	将货款直接支付给快递公司。
找他人代付	淘宝交易和支付宝站内交易	只要您身边好友有支付宝账户并可付款就能帮您完成付款。

安付通支付流程

买家/付款人	PayPal	卖家/收款人
买家/付款人在全球网上店铺购物时，选择用PayPal结账。他们也可以在世界上190个国家和地区使用PayPal付款。	买家/付款人使用PayPal余额、信用卡银行账户安全付款。卖家/收款人收到款项，但看不到付款人的信用卡或银行账户。	卖家/收款人可以将PayPal账户中的资金提取到银行账户或信用卡上。他们也可以使用PayPal余额进行在线付款。

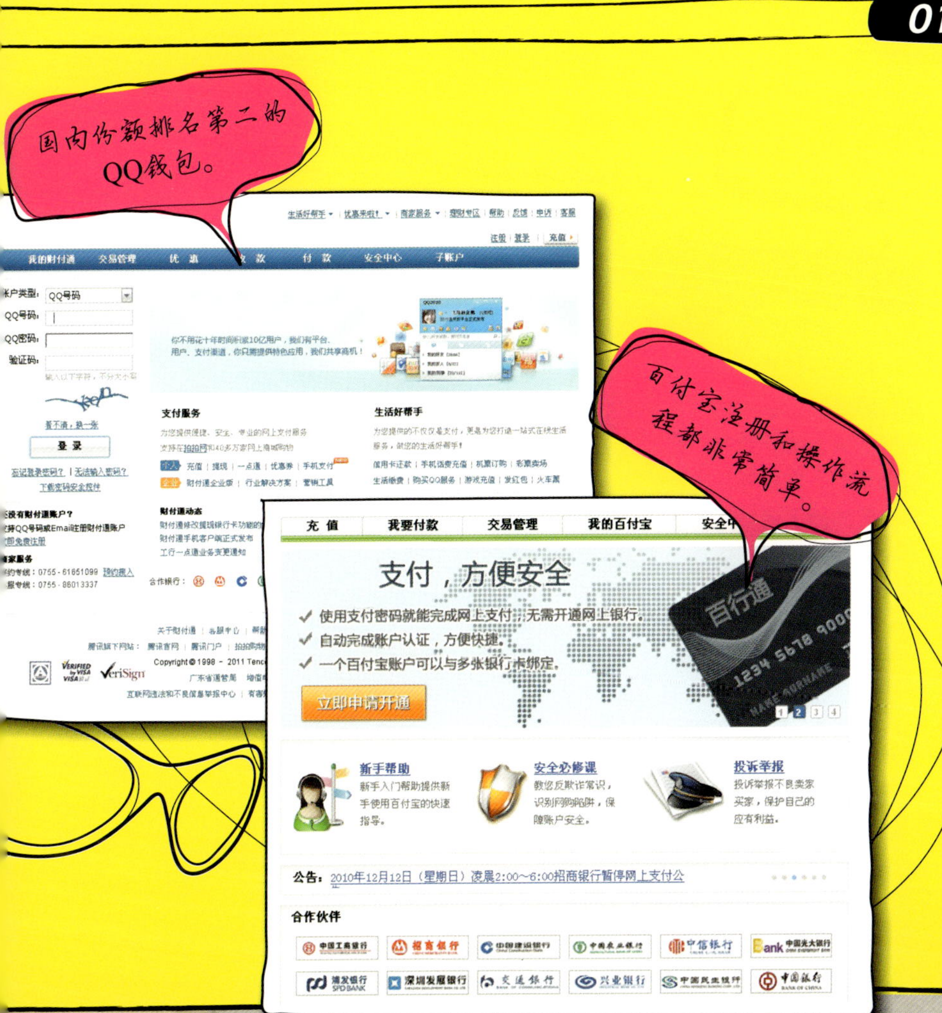

国内份额排名第二的QQ钱包。
百付宝注册和操作流程都非常简单。
我的财付通 交易管理 优惠 收款 付款 安全中心 子账户
支付服务
生活好帮手
充值 我要付款 交易管理 我的百付宝
支付，方便安全
使用支付密码就能完成网上支付，无需开通网上银行。
自动完成账户认证，方便快捷。
一个百付宝账户可以与多张银行卡绑定。
立即申请开通
新手帮助
新手入门帮助提供新手使用百付宝的快速指导。
安全必修课
教您反欺诈常识，识别网购陷阱，保障账户安全。
投诉举报
投诉举报不良卖家买家，保护自己的应有利益。
公告：2010年12月12日（星期日）凌晨2:00~6:00招商银行暂停网上支付公
合作伙伴

信用卡支付

特别在订购机票、酒店、旅游产品的时候我就会用到信用卡支付，如果你热衷于海外购物，最好办一张双币信用卡，支持外币支付，人民币还款。有的网上商城还推出可以信用卡分期付款的商品，以缓解消费大宗商品的资金压力。

网上消费只在网上操作就能成交了，当初我很怀疑这种交易的安全性，毕竟现在钓鱼网站、盗取账号的软件这么多，我的信用卡会不会被盗刷呢？事实上超过一定数额的网上交易，银行都会给持卡人发短信进行通知和确认，不会贸然进行支付行为，并且这个数额可以由持卡人自己来设置。我就把单笔消费上限定为300元，超过300元银行会在第一时间发短信验证码到我的手机，在网上输入验证码后银行才会确认你的这笔交易。所以，一旦发现没有交易的情况下收到验证短信，一定要第一时间通知银行。

并且，当发现信用卡丢失或被盗用，应尽快到银行挂失，经核实最近的几笔交易确实不是持卡人进行的之后，银行方面会退还这部分款项，尽量减少持卡人的损失。

The others
你还可以选择货到付款或找人代付

如果你在淘宝购物时，支付宝账户中没有足够的余额，或者不想刷信用卡，可以选择标示出“货到付款”的卖家购买。

当然，网上支持货到付款的卖家并不多，而且实际操作中，有些城市和地区找不到可以代收货款的物流公司。那么，如果你好不容易看中的卖家不支持货到付款，而你又没有网银可以支付时该怎么办呢？淘宝推出的“找人代付”就能帮到忙。请余额充足或能够信用卡在线支付的家人或朋友帮你付款，等到货到的时候再把现金还给他们就好啦！具体方法也很简

单：拍下商品后，点击付款方式中的“找人代付”，系统会生成支付链接，把该链接传给帮你支付的朋友，让他买单就OK了。需要注意的是，代付链接要准确告知对方，否则支付不会成功。他人代付的金额也是暂存在你的支付宝账户上的，要确认收货之后才能点击最终支付，否则钱就转到卖家账户里去了。

货到付款流程

选择货到付款商品 → 确认订单 → 等待物流送货 → 验货付款交易完成

找人代付流程

拍下商品，选择“找人付款” → 设置代付信息 → 通知代付人为你贷款 → 代付人完成代付

国内两大C2C电子商务平台大PK

BLOG 2

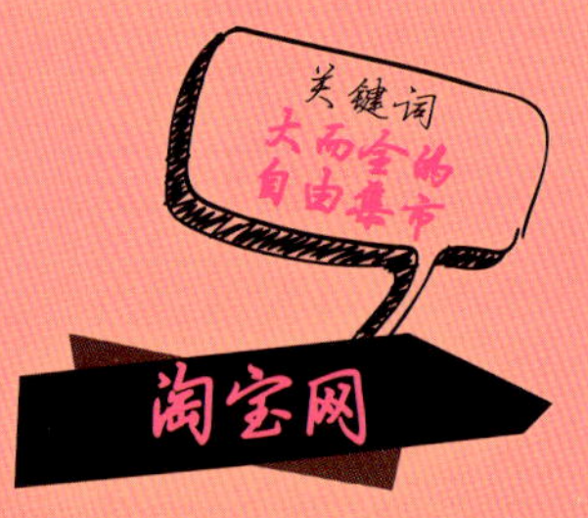

在易趣培养起国人网上开店、网络购物的兴趣时，来自于本土的淘宝以阿里巴巴强大的货源支持、个人卖家免费开店的诱惑以及铺天盖地的广告营销成功抢走了易趣的风头，特别是支付宝和阿里旺旺的推出，让淘宝成为国内最大、用户最多的C2C平台。

何为C2C?

C2C即 Consumer to Consumer。“C”是英文单词“Consumer”的缩写，即消费者、顾客；“2”则与英文单词“to”谐音。C2C是个人卖家与个人消费者之间的电子商务，也就是我们平时在街上看到的私人店铺的网络形式。

提起国内C2C购物网站的发展，可以说是易趣网（eBay）最早开了先河，但淘宝网（TaoBao）以人性化的本土营销模式后来居上，基本成为现在国内网民的首选购物平台。下面就以我六七年网上购物的经验，来看看这两个主流网站各有哪些优劣吧！

随着淘宝的迅速扩展，大量的买家、海量的商品，给了网友们丰富选择的同时也出现了很多问题，由于缺乏对个人卖家的有效监管，次品、假货层出不穷。说白了，淘宝上卖家千千万，但淘宝只提供网购平台，其经营和服务与淘宝无关。消费者要买到价廉物美的好东西，真的基本靠“淘”，而且是要精明“海淘”。

买家卖家最熟悉的TaoBao首页。

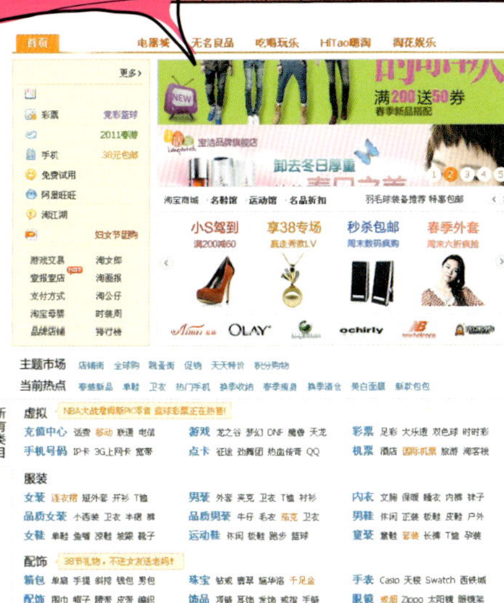

我知道淘宝上的卖家大部分是私人小商贩，即便是淘宝商城，也是有国内厂家批发渠道的卖家，低价的国产货还是可以买买的，而那些动辄几百上千的高端化妆品、服饰、奢侈品等，我就不敢轻易下单了。因为很多私人卖家不能提供小票，还动辄号称“专柜验货”，真的能“验”吗?还是省省吧。一个做记者的朋友告诉我，大多数的品牌专柜都没有为消费者鉴定网购产品的权利和义务哦，如果你拿着网购来的物品去验货，遭到拒绝也只能怪自己人品不好咯。

不过，随着淘宝网的不断壮大和发展，淘宝商城也吸引了不少知名品牌进驻，像优衣库、MANGO、ESPRIT、欧莱雅、阿迪达斯等都在淘宝开设了官方旗舰店。

我尝试过在这些官方旗舰店购买产品，发现在这些店内购买，的确在质量上是与实体专柜一样，这样买起来就很放心，不用担心假货。当然，品牌网店的货肯定没有实体店全，打折力度也不一定比实体店大，有一次在网店看到想买的一件外套，有事被耽搁了一下没出手，结果第二天逛街的时候，我发现实体店正好在限时打折，折扣力度还挺大的呢。所以，如果家附近有专卖店，最好跟网上比较一下价格再购买，特别是购买鞋子之类的商品时，在价格更实惠的情况下，最好到专柜试穿一下再到网店淘，也就不会担心鞋子不合脚这种问题啦。

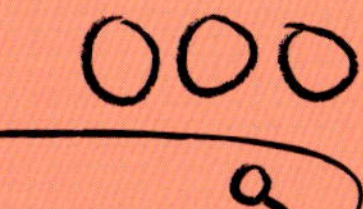

淘宝商城即便是"商城"，也可以拿到实惠的价格。

Blog 2

尽管关税新政给海外代购一记猛拳，导致淘宝网的全球购急剧萎缩，而像易趣这样实力雄厚的平台则凸显了其全球集市的优势。尤其体现在美国代购，eBay上几乎所有的商品都可以通过易趣来购买。

不过，易趣上商品的页面是英文的，虽然网页本身自带了翻译工具，但译文时常令人啼笑皆非，如果你英文好的话，不妨链接到原页面仔细阅读，像我这样只有英文四级水平的小白，只能靠着有限的词组来模棱两可的猜测咯。

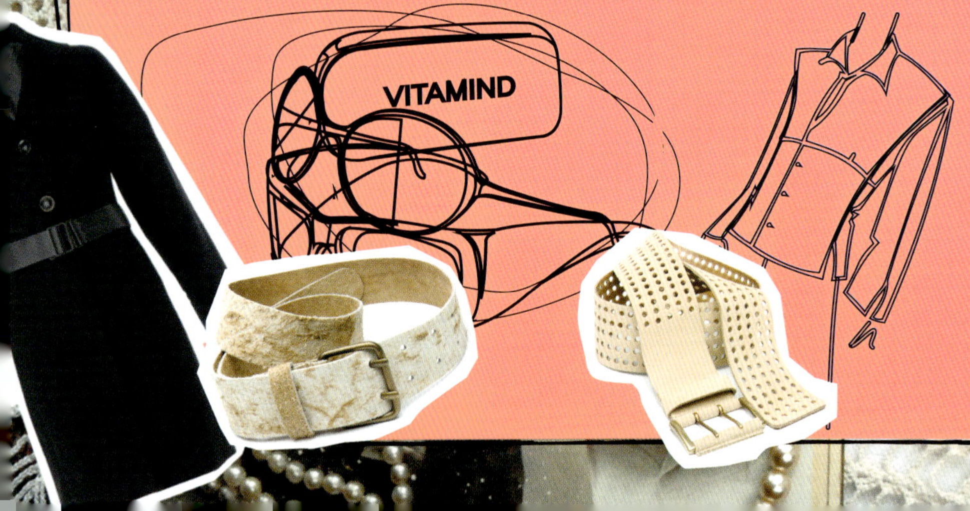

全球集市吸引众多爱好海外购的MM们。

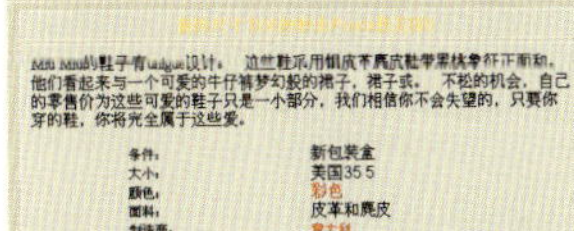

Blog 2

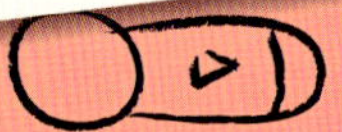

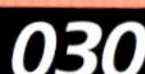

如果你在易趣网上没有找到想要代购的商品，还可以自助代购，链接eBay上的商品页面，易趣会自动计算出到手价（拍卖的商品除外），甚至其他购物网或品牌官网，例如Amazon、Bestbuy、Guess、倩碧等网站上的商品也可以找易趣代购。

与淘宝代购相比，易趣的海外代购更有品质保障，因为卖家在易趣上开店和上架都是付费的，从而屏蔽了一些“三无”小商贩。其次，所有售前、售中、售后服务均由易趣提供，而且像COACH、Juicy Counture、Levi's美国本土品牌在美国本来就不算是很昂贵的产品，美国卖家没有出售假货的必要。不过要注意的是，商品本身虽然便宜不少，但加上运费、关税、代购服务费之后，往往到手价就不便宜了。

易趣网购物流程

站内商品 → 立即购买 → 支付货款

国外网站商品 → 填写代购单 → 支付货款

支付货款 → 易趣采购 → 全球物流 → 买家收货

正宗美国商品，
跨海直送做足噱头！

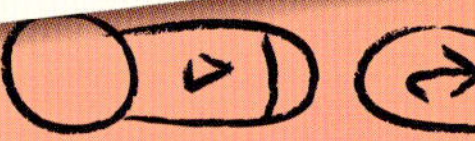

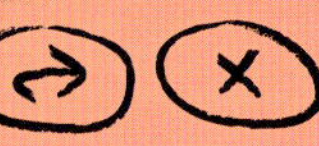

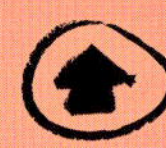

易趣网代购费用

费用组成	费用说明
代购商品价格	依代购时该商品海外网站在线显示价格为准。
代购商品消费税	依代购时该物品所在国家或地区规定不同确定。
代购商品所在国国内运费	依代购时该商品海外网站显示为准。
代购商品国际、国内运费	易趣预估运费，依代购商品运费按实结算。
商品代购服务费	6%~10%（详见商品代购服务费明细）
中国海关关税	由用户承担，按实际产生收取。
汇率	根据中国银行公布汇率变动而变动，以用户拍下商品时所使用的汇率为准。

易趣代购服务费明细

代购商品价格+代购商品所在国国内运费+代购商品消费税	代购服务费
$25以下（不含25美元）	$2.50
$25以上（含25美元）至$50以下（不含50美元）	10%
$50以上（含50美元）至$200以下（不含200美元）	8%
$200以上（含200美元）	10%

淘宝不得不看的实用经验

BLOG 3

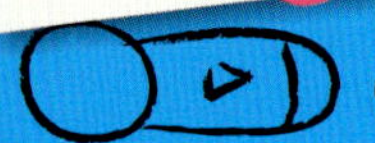

淘宝购物真的比逛街省心吗？我看未必。

淘宝上有成千上万家店铺，良莠不齐，即便是销售同类商品，价格也五花八门。有时要挑选出一件中意的服饰，需要翻找无数页面，货比N家，着实费眼力。如果是漫无目的地淘宝贝，不但费时，而且很容易选错卖家，买到价不廉、物不美的商品。要退货也没那么方便，有时需要拍照取证，与卖家理论，申请退款，等待卖家退款，一来二去，时间成本也耗去不少。

淘宝真的省钱吗？我看也未必。

的确，网店省却了店租、水电费、广告费等附加费用，很多商品要比实体店便宜不少，贪便宜的心理和收到包裹的满足感很容易让女孩子上瘾，再加上不用从口袋里掏出真金白银，在鼠标跳跃中，就有宝贝归入自己名下，让人购物欲望不由得猛涨。

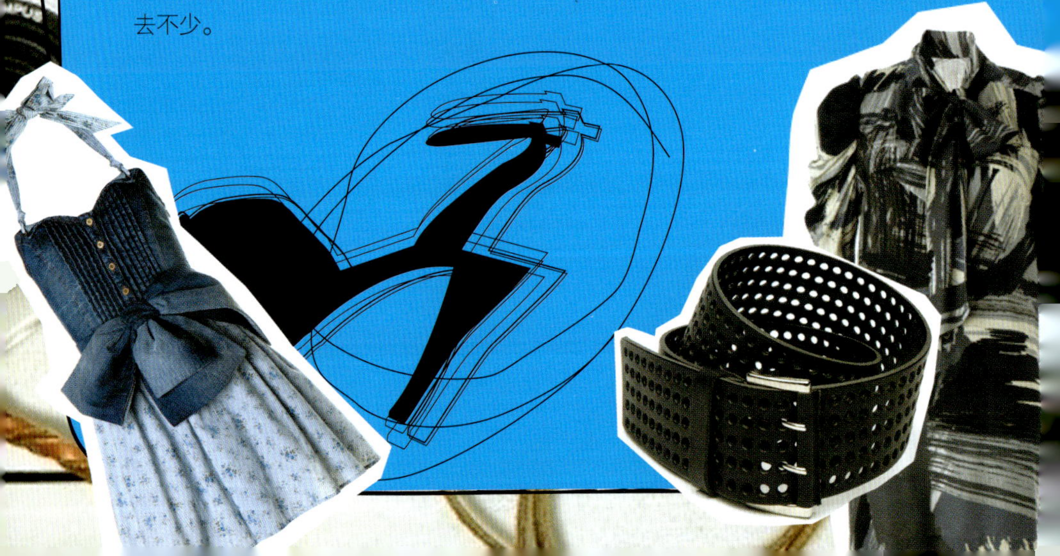

我曾经有一段疯狂入魔般的网购时期，查了一下交易记录，惊讶地发现自己三个月之内竟然在淘宝上花了近万元！而且买的很多都是不实用的东西，有些服装收到的时候不是很合身，但是嫌麻烦就没有退；有很多跟风买的化妆品用了两次就觉得不好用而扔到一边；还有一些乱七八糟的饰品，尽管便宜，可积少成多，就形成了不必要的浪费。从此，我痛定思痛，控制住购物欲，总结出几个实用的淘宝经验与大家共勉。

Blog 3

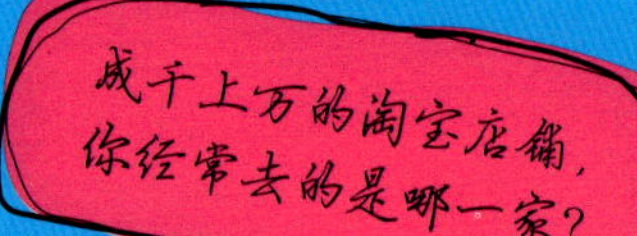

别急着下单

如果有看中的宝贝，先别急着下单，请复制宝贝的标题中的关键字，然后在淘宝中搜索，就会发现有许许多多店家在卖一样的宝贝，那么再进行价格排序，就会找到价格最低的了！当然，也不见得价格最低的就是首选，还要看卖家的信誉。

关键词
货源可能是一样的

对比差价很重要

我们在淘宝上淘宝贝的时候，会发现很多店铺用的图片、模特都是一样的，特别是一些日韩版服饰、仿杂志款的商品，很多人会认为，是不是皇冠店的东西比其他等级的店要正宗呢？那就错了，其实都是一样的。图片、模特一样，代表着货源也是一样的。现在淘宝大多数卖家都直接让厂家发货，而厂家也已承担了拍照、找模特的任务，那些卖家只是代理商。有些人气高的皇冠店、钻石店会打着“独家代理”、“外贸尾单”等诱惑性的幌子，价格比其他店都可能差上百元！

查看买家留言

在淘宝上选卖家别光看几钻几皇冠，统统都是浮云！因为除非店铺开的时间特别长，而且属于网上交易特别热门的行业，否则就很有可能是刷出来的。要看买家留言才有用！特别要看看差评、中评的买家都说了什么，这样才能对商品有更好的了解。如果是卖正品的诚信卖家，即使有中评差评，内容中也不应该会有“线头很多”、“气味很大”、“鞋面缝合不严密”等明显的质量问题。好评率百分百也值得怀疑，有可能是卖家有意屏蔽中差评。

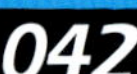

除此之外，认准这些加入淘宝消费者保障服务的卖家标志，让网购更有保障：

如实描述

卖家承诺针对“商品本身”有关的信息描述均属实，若出现买家收到货物与描述不符的情况，支持退货退款。

七天退换

卖家承诺签收货物后七天内，若对货物不满意，在不影响卖家二次销售的前提下，支持退换要求。

假一赔十

卖家承诺出售的商品均为真品，一旦您收到该商品认为是假货，卖家承诺三倍赔偿。

正品保障

卖家承诺店铺为淘宝商城签约商户，承诺不销售假货及非原厂正品商品。

仿单要谨慎

经常看到那些刊登在时尚杂志上的流行服饰在淘宝上竟然也有卖，而且价格要便宜好多！真是令人心动。且慢！根据我多年淘宝的经验，网上那些标榜某某时尚杂志款的衣服几乎都是仿的！我曾经也被那些时尚的杂志照和平民化的价格所吸引拍了两件春装连衣裙，拿到货发现线头超多的，有些地方定线都是歪的，简直就是路边摊的货色。听一位做服装批发生意的朋友说，价格几十、一百多的都是小服装厂的仿单，批发商们经常都是去那里拿货。那些厂家就是买几本时尚杂志，照着上面的图片直接打样做衣服。由于根本没有杂志上真实的样板在手，所以很多衣服看着和杂志上一样，但是版型、面料和做工却相差甚远！当然，也有少数厂家接国外品牌的订单，交货之后，会按照原单款式私下多做几件销售，但这样的衣服肯定达不到原单那样严格的要求，数量也非常有限，绝不可能出现大量库存的情况。

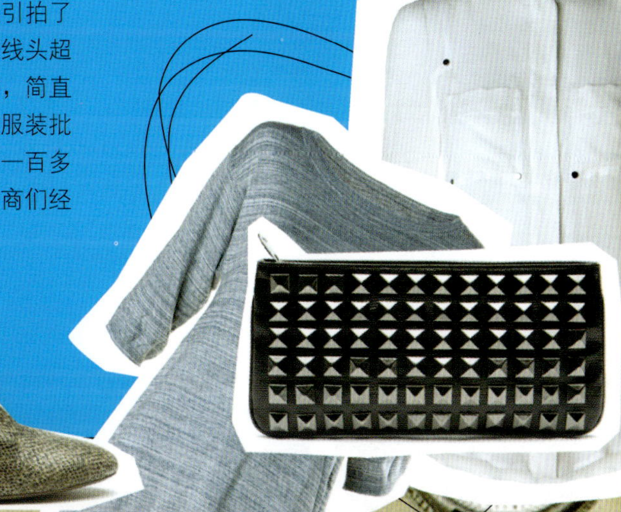

打折正品？

很多爱美的MM喜欢在专柜试完自己中意的衣服，记下货号，然后就到淘宝上淘，我本人也是经常这样做。淘宝上卖的品牌服饰还真是不少，有些当季款式比专柜打折还便宜！但这些服饰真的是专柜正品吗？其实除了品牌官方旗舰店，正品少之又少，尤其是价钱跟专柜直接差了一个位数的东西，更是不要轻易下手。想一想，如果那些品牌随便让当季货品以专柜2~3折的价格放在网上卖，岂不是扰乱市场，自己砸自己的招牌吗？

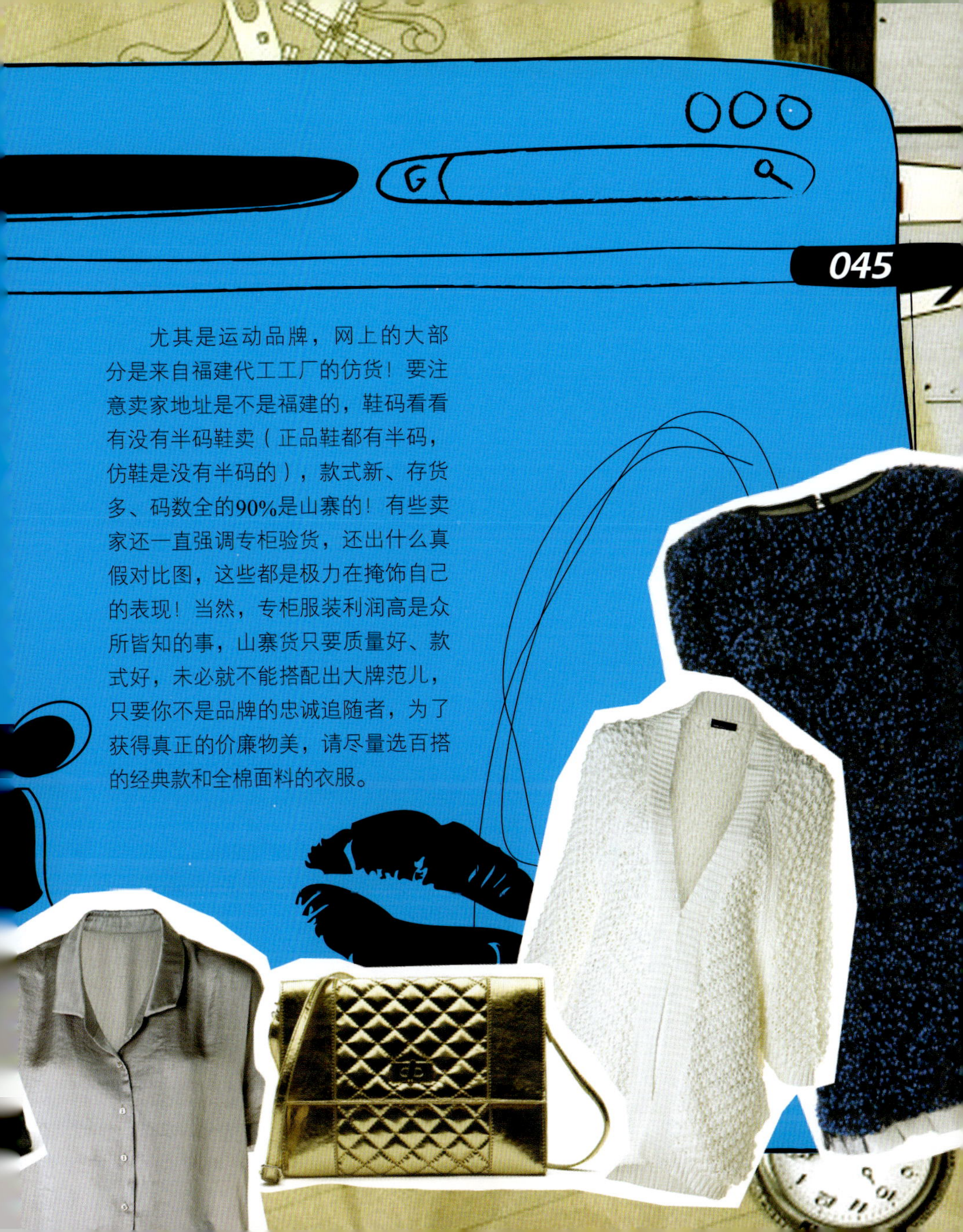

尤其是运动品牌，网上的大部分是来自福建代工工厂的仿货！要注意卖家地址是不是福建的，鞋码看看有没有半码鞋卖（正品鞋都有半码，仿鞋是没有半码的），款式新、存货多、码数全的90%是山寨的！有些卖家还一直强调专柜验货，还出什么真假对比图，这些都是极力在掩饰自己的表现！当然，专柜服装利润高是众所皆知的事，山寨货只要质量好、款式好，未必就不能搭配出大牌范儿，只要你不是品牌的忠诚追随者，为了获得真正的价廉物美，请尽量选百搭的经典款和全棉面料的衣服。

作为一个资深淘宝达人，购买东西时一定要有气势，能镇住店家。对那些一再声称自己东西是正品的卖家，如果你还不能确认，可以这样说：“首先因为你说是正品，我才在这买，如果拿到的是假货，我要退货的，否则差评没商量的。”很多好评率高的卖家会害怕。如果他卖的是假货，因为他们心虚，有的人就会直接跟你说没货了！

关键词
不买"拍卖商品"

限时拍卖

很多网上的商品时常利用拍卖的方式吸引大家的眼球，起拍价往往低到令人咋舌，据我的经验这些商品一般多多少少都存在问题。除了一些恶意出价者外，还有很多假货，曾经有个卖家这样透露说："假货拍卖最好卖，几块钱的东西，三拍两拍就翻了好几倍！"所以说，购买"拍卖商品"一定要慎重，我建议最好还是不参与的好。

与不良卖家斗智斗勇

BLOG 4

网络交易，什么最让人苦恼?

我认为，最令人苦恼的，莫过于交易纠纷了。

曾经在淘宝上遇到一个典型的以次充好的不良卖家，收到的包包不但根本不是我要的颜色，而且还看上去旧旧的，金属扣的地方甚至有磨损的痕迹，严重怀疑是不是用过的。我在旺旺上跟卖家理论，他居然死不承认，还厚着脸皮说："这个包的款式就是这样的呀！"当我拿出包包的细节照片截图给他看，卖家又改口说是快递途中造成的磨损，不是他的问题，最后一口咬定"换货可以，但不能退货"。真是气死我！谁要他换货啊，要是换了个还是这样的怎么办?僵持了很久，卖家终于答应退货。可更可气的是，等我发快递退货之后，他竟然迟迟不退款！这简直就是欺诈行为嘛！我怒！也别跟他理论了，立即向淘宝网站投诉维权。折腾了两周，由于我证据充足理直气壮，那个不良卖家终于退款了。

在此提醒各位淘宝买家，每笔交易一定要保留在旺旺上和卖家的对话内容，如果卖家在出售前有对你做出相关保证，而后所收到的物品和如实描述有出入，这就是证据！还有最重要的一点，一定要对有问题的商品拍照取证，这是最重要的证据！以上证据都是申诉时必须提交的。

交易状态为“卖家已发货，等待买家确认”，退款申请状态为“退款协议等待卖家确认中”或“卖家不同意协议，等待买家修改”。

未收到货（虚拟类商品）	1.自退款发起之日起1天后，如果退款申请还没有结束，淘宝将通知卖家，要求其妥善处理买家的退款申请。 2.自退款发起之日起3天后，如果退款申请还没有结束，则买家即可通过维权中心发起维权，客服将在发起维权的2个工作日内介入。
未收到货（实物类商品）	1.自退款发起之日起5天后，如果退款申请还没有结束，淘宝将通知卖家，要求其妥善处理买家的退款申请。 2.自退款发起之日起7天后，如果退款申请还没有结束，则买家即可通过维权中心发起维权，客服将在发起维权的2个工作日内介入。
已收到货（所有商品）	1.自退款发起之日起5天后，如果退款申请还没有结束，淘宝将通知卖家，要求其妥善处理买家的退款申请。 2.自退款发起之日起7天后，如果退款申请还没有结束，则买家即可通过维权中心发起维权，客服将在发起维权的2个工作日内介入。

交易状态为“卖家已发货，等待买家确认”，退款申请状态为“买家已退货，等待卖家确认”。

买家已退货， 退货方式：快递	1.自确认退货之日起5天后，如果退款申请还没有结束，淘宝将通知卖家，要求其妥善处理买家的退款申请。 2.自退货发起之日起7天后，如果退款申请还没有结束，则买家即可通过维权中心发起维权，客服将在发起维权的2个工作日内介入。 3.若在上述时间范围内卖家拒绝了退款协议，买家即可通过维权中心发起维权。

交易成功

如果交易状态为“交易成功”，买家可在交易成功的14天内通过维权中心发起维权。

关税大限，海代行不通？

BLOG 5

Blog 5

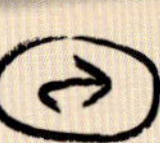

一大早就收到一个惊悚的短信："我们在FEELUNIQUE买的一箱化妆品被海关扣下啦！"

晕！怕什么来什么，最怕发生的事情还是发生了。

虽然早有风闻从2010年9月1日起，我国海关取消过去对个人邮递物品500元人民币的免税额，并且对邮递进境物品应缴进口税超过50元人民币的一律按商品价值全额征税，我已经有所收敛，从8月下旬就没敢下单，可偏偏有一套护肤品一直拖到8月底都没收到！

这下可好，还是撞上了枪口。

"那怎么办呀？"我在QQ上询问发起团购的那位姐妹。

"海关通知我们要去报关税。"

"什么啊？这么麻烦？"

在关税新政实施之前，淘宝也有全球购，涉及的国家很广，代购的商品种类也五花八门，大部分是留学生、空姐、港台人士等私人卖家在做，代购的渠道各种各样，同一件物品在价格上肯定相差很多咯。据我观察，只有在一些现货本身出售的价格就比较实惠的情况下，卖家才敢拿货，不然国内国外价格差不多，买家也就不会光顾了。另外，团购的价格相对单笔消费也会有很大的优势，俗话说人多力量大嘛。至于买家提供商品清单代购，淘宝上不同的代购网店价格不一。

而关税新政实施之后，淘宝全球购的频道很快解散，因利润缩减和风险提高，许多小卖家都放弃了代购业务，剩下的卖家不是只卖现货，就是提高代购商品价格——代购商品到手价格由商品产地价、国际运费、关税、代购费组成，因此你会发现很多代购商品比关税新政前贵了不少。因此想要继续在淘宝代购的网友要综合考虑这几个因素对最终价的影响，并认准那些跑国际航线的空姐的店铺，因为她们是受到冲击最小的代购者。

据我了解，新政的征税标准如下:

税率	适用产品
10%	书刊、音像制品、金银制品、食品、饮料等
20%	服装、纺织品、数码产品、电子产品、钟表（含配件、附件）
30%	高档珠宝、高档手表（完税价格1万元人民币以上）
50%	烟酒、化妆品

完税价计算方法

先乘后减：完税价＝[(购买价×税率)－免税额]+购买价

先减后乘：完税价＝[(购买价－免税额)×税率]+购买价

例如我买的倩碧水嫩保湿霜（50 ml）

美国售价：
USD34，合RMB230.52

新政实施前完税价：
RMB230.52（单件无须上税）

新政实施后到手完税价：
RMB295.78

国内专柜价：RMB450

新代购价比国内专柜省：
RMB154.22

新代购价比旧代购价高：
RMB65.26

那么海外代购有哪些渠道呢？一般都是以下三种。

到货方式——邮寄
冲击力度——严重

自从关税新政实施之后，我的国际包裹一下子锐减，我那败家群里的团购战友们都怨声载道，由于海外网购本身邮费较贵，以往我们都会一口气多买一点，或是以团购的方式降低国际邮费成本，可按照如今50元的关税限额，肯定是不够了。打开以前经常浏览的网站，看到心仪的好东西再不敢轻易下单，除非是遇到真正的白菜价，否则加上运费和税费比国内便宜不了多少，还要承担不少风险。

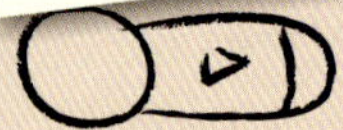

驻外卖家代购

到货方式——邮寄
冲击力度——较严重

大限之后，我那几个留学海外兼职做海外代购的朋友叫苦连连，好几包货物被海关扣了，原来一些出手阔绰的团购老客户纷纷撤单。恰好我也有几件货已经付款下单，考虑到退款麻烦，而且东西我真的很心水，我只能与卖家单独沟通，最后她们说：“只能等圣诞节的时候自己或托人带回国，或是分件慢邮寄送。”圣诞节！我哪里等得了！最后选择了分件慢邮寄送。折腾了一个多月，多付了一百多元运费，总算收到货了。谢天谢地！

往返卖家代购

到货方式——私人携带入境
冲击力度——较小

如果你有特别好的亲友经常飞国际航班，你就可以偷笑了。让经常出入海外的亲戚朋友或委托导游、空姐代购，成为大限以后最具优势的代购方式。由于是私人亲自带入境，所以可以避免50元额度的限制。不过，海关对于私人携带入境品的品种和数量也有严格限制（居民旅客携自用物品5000元以下，非居民旅客携自用物品2000元以下，予以免税），一次性不可能带大量或昂贵的物品，而且老是麻烦亲友代购，虽说钱能省不少，人情债却欠得很多哦。

想说爱你不容易，秒杀

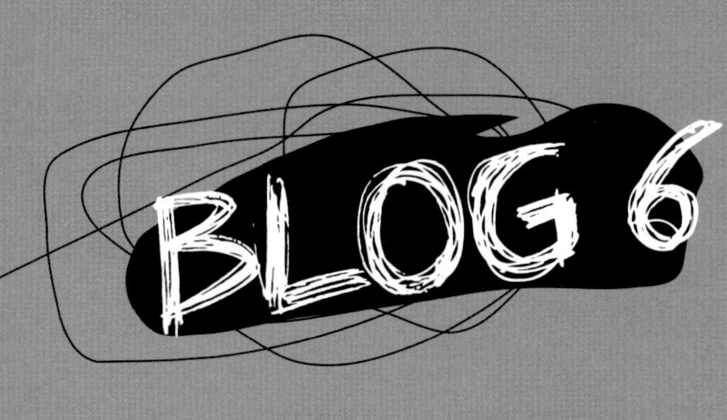
BLOG 6

曾经有许多价格低廉得匪夷所思的好宝贝放在我面前，我没有及时抢到。

等到失去后，我才后悔莫急！

人世间最痛苦的事莫过于此。

如果老天能再给我一次机会的话，我会让鼠标点击的速度再快一点。

如果非要给我的速度加一个期限，那就是——秒杀！

相信很多人像我一样经历过许多令人垂涎的秒杀抢购活动吧？像我一样一次也没秒中的应该也不少吧。那些超优惠的商品，往往一上架就被抢购一空，一眨眼的功夫，都可能与产品失之交臂。我自认没有这样眼疾手快，常常不是忘记了时间，就是刷新无数次之后，该商品却显示已下架！而且，即使你幸运地看到立即抢购的字样跳出，千万别以为拍下了就能松口气，因为有不少网站的秒杀购物不是以拍下为准，而是以最终完成订单为准。要以条件反射般的极限速度开始接下来的步骤！切记，在选择收货地址的时候，事先删除多余的地址，仅剩有效的一个，好几排地址栏，鼠标拖动网页以及考虑选择又会费去不必要的时间。

有些秒杀是个局

其实秒杀不到也不必太过沮丧，因为有时候，秒杀成功也未必是件幸运的事情。就拿我一个朋友的经历来说吧，她守着电脑几个小时，终于在半夜99元成功秒到价值1999元的某名牌手机，可是收到手机的时候包装很简陋，更过分的是电池板和充电器等配件居然要自己另外花钱配，而且用了不到两星期就出了问题，到店里修的时候被告知是返修机！

说到底，秒杀抢购只是商家的一种促销手段，抓住消费者贪便宜的心理，故意制造稀缺的紧张气氛，目的不过是吸引人们的关注，为店铺和商品打广告而已。有的商家甚至故意打出亏本价销售，又一面自己雇佣枪手抢货，而消费者得不到真正的实惠。这样的奸猾商家多了，扰乱游戏规则的人多了，秒杀也就逐渐失去了吸引力。

代秒服务是常招

秒杀也是需要技术含量的。自己的速度不够快，那就雇佣专业的秒杀高手为自己抢购吧！在网站论坛上随处可见招聘秒杀网络杀手的广告，雇主只需要付几十元到上百元不等的劳务费，即可获得一件宝贝的代秒服务，成功率号称高达80%。我自己是没有试过，因为总觉得不大靠谱，因为一次秒杀，会使得网店流量迅速增大，造成拥堵。而雇佣专人去冲击“大门”，只能让网路更加拥堵，且区区增加一些人手，相比参与秒杀的群体来说，还是小得可怜。

关键词
遭遇木马

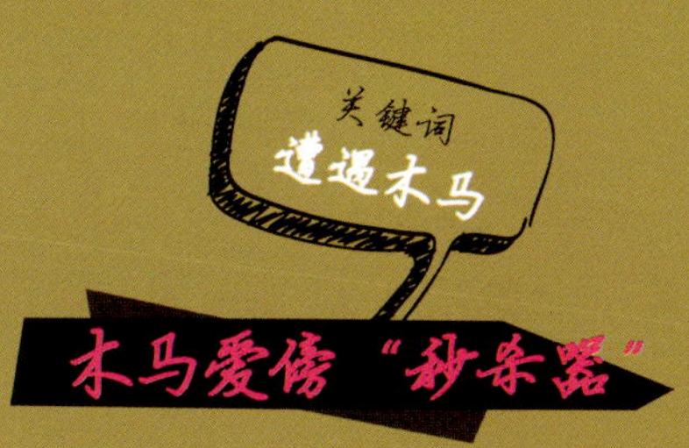

木马爱傍“秒杀器”

既然秒杀这么诱人，而靠人力秒杀成功率并不高，于是，秒杀器就成为一些人寄希望于作弊手段来抢宝贝的“外挂”工具。但是，身为软件菜鸟的我可不敢随便下载安装这种不明插件。因为听说有不少网友上过当，许多所谓的“秒杀器”非但没有任何实际意义，而且还潜伏着不安全的因素，很可能被植入木马程序，秒杀商品肯定是没戏了，反而还会被人盗取银行密码和账号。综上所述，真的要秒杀一件物品，还是提前做好充分准备，自己动手丰衣足食吧。

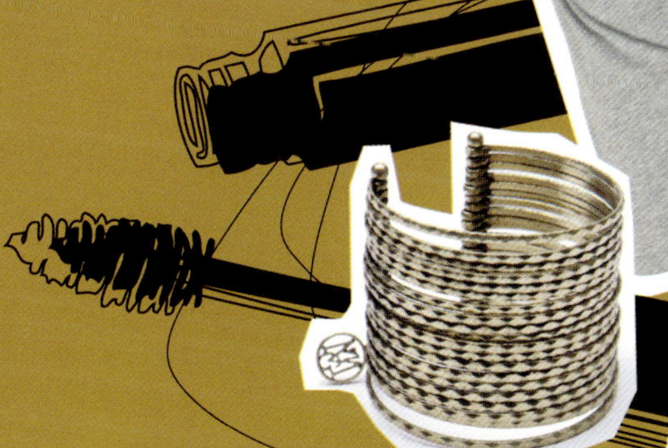

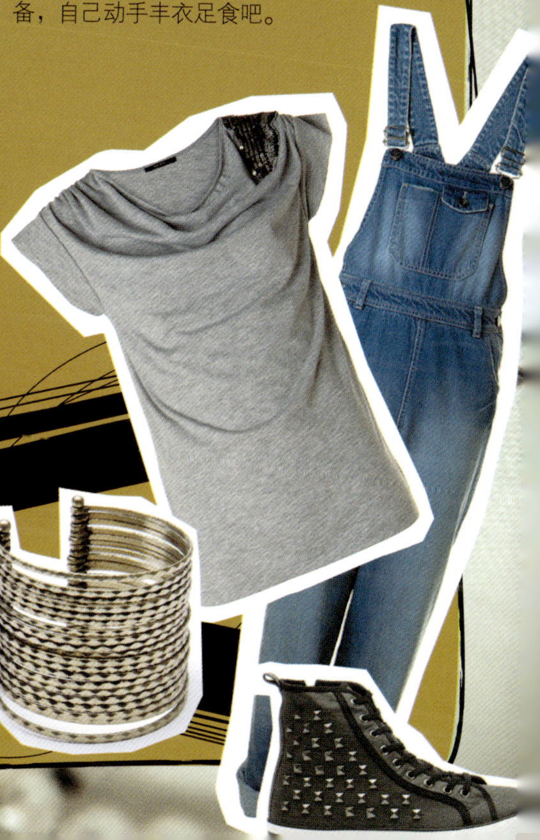

BLOG 7

Blog 7

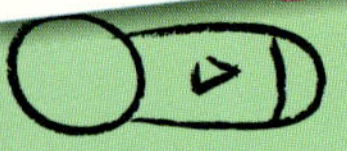

我现在每天上网的第一件事情就是搜索一下团购网站，看看当天有没有让我心动的低价好宝贝上架。自从去年5月份，我第一次接触了团购，并仅用58元成功团到一个原价128元的电子卷发棒，从此正式成为团粉。如今百团大战热火朝天，团购产品也越来越多，作为网络时代的精明购物达人，如果还没参加过团购，那真是太OUT了。

当然，并不是每次团购都能满意，有时候甚至会很郁闷！例如有一次，团了个美发套餐，结果去那家店做头发的时候排队不说，店员还一个劲地向我推销办会员卡，最后做出来的发型也不灵！不少团员还被推销了很多乱七八糟的附加费用。还有时候太冲动，团了一堆糕点券，结果优惠券拿到手，发现很多都快过期了，最后浪费了好多张。

总结一下我的团购经验吧！

如今团购网站实在多得让人眼花缭乱，所以团购导航网站也应运而生。团购导航的出现突破了单个团购网站的局限，让我们能快速找到自己需要的团购网站或者商品，而不用去记太多复杂的网址。而且在导航网站上，我们可以对比不同团购网站给出的商品和折扣，实在是方便很多哦！在这里推荐一个导航网址：

HTTP://TUAN.HAO123.COM/

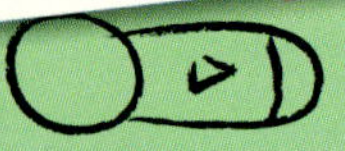
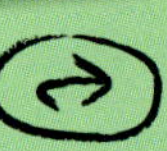

尽量选择同城交易

虽然通过对比后，你会发现有些商品异地团购的价格会比同城交易便宜不少，可是保险起见，还是建议同城交易。一来同城的运费低、送货时间快；二来出了问题也方便上门维权。同城最适合团购生活服务类的商品，例如电影票、餐饮券、卡拉OK、美容美发等等，但一定要选择有知名度、信誉良好的正规团购网站和商家，以免出现团购之后店铺倒闭、商家与网站合同纠纷而撤单或隐含附加消费等情况。

跟团购物须谨慎

相信很多MM看到化妆品打出市场价3~5折的团购价就很是心动吧？最爱买化妆品的我可不太敢跟这种名牌团。因为我知道，团购的目的有时并不是为了真正销售产品，更多的是厂商为了广告宣传。而你想啊，那些原本市场知名度就很高的品牌产品，何必要以低价来吸引消费者呢？很有可能会买到快过期的库存品或是假货！那些网上炒红的杂牌护肤产品的质量更是无法保证，花了冤枉钱不说，还很可能损害了皮肤。当然，也不是说团购名牌都是假的，但不能盲目跟团，必须选择信誉高、渠道正规的专业团购网站。总之，请MM们理性消费，别跟风团购些不实用的东西啦。

留心团购网站的评价

在每光顾一个新团购网时，都要留心这个网站的评论或留言，那些是我们用来帮助选择的一个很好的参考。因为很多团购是先付款后消费，如果消费过程中出现任何问题，而团长又没有很好的服务意识，当了甩手掌柜，原本让人愉快的消费体验就会变成花钱买罪受！有了前车之鉴，就可以彻底摒弃那些不负责任的团长和不靠谱的团了。

Blog 7

关键词
家电数码类
团购未成熟

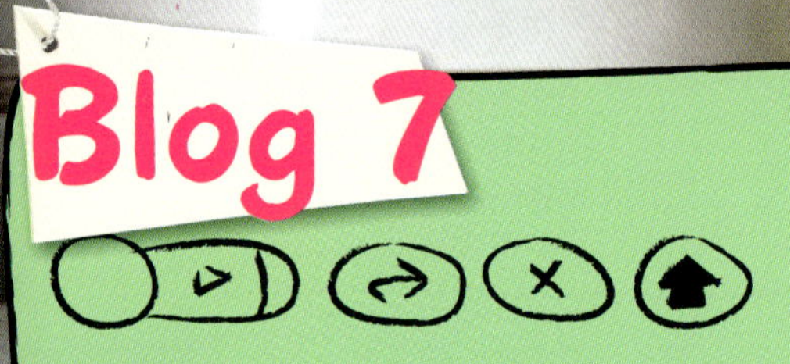

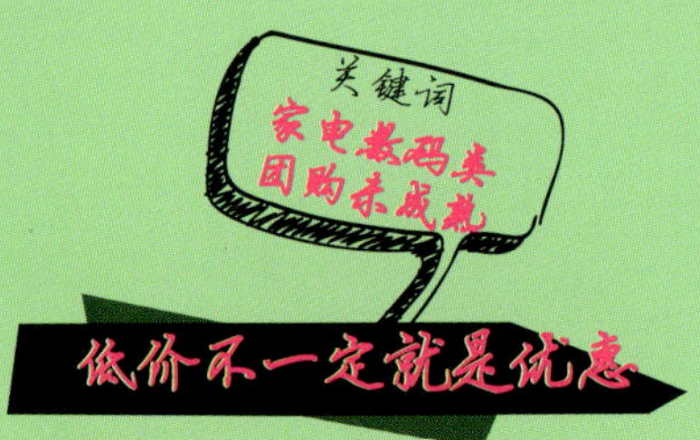

低价不一定就是优惠

我曾经对一个知名笔记本电脑的团购广告很长草，网站广告上说：市场价是6888元，团购价只要5988元，降价幅度近1000元，不算少呢！系统显示已经只剩下十几个名额了。由于我实在是个硬件白痴，最后还是找来懂电脑的朋友帮我看看值不值得买，结果那朋友看了电脑配置之后嘿嘿一笑，把我直接拽到电脑卖场，找了几个经销商一通砍价，居然被他砍到5680元！还送无线鼠标，而且提供正规发票和售后服务。看来团购也不一定真的优惠啊！有时商家会故意先抬高价格再让利，有的品牌经销商并不配合团购，尤其是家电数码类的团购市场还不是很成熟呢。

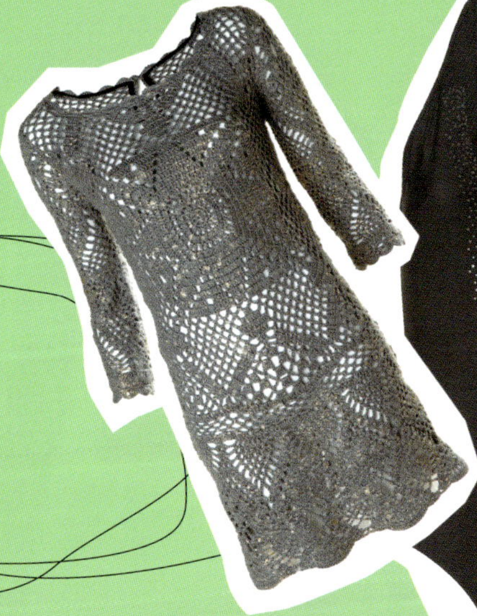

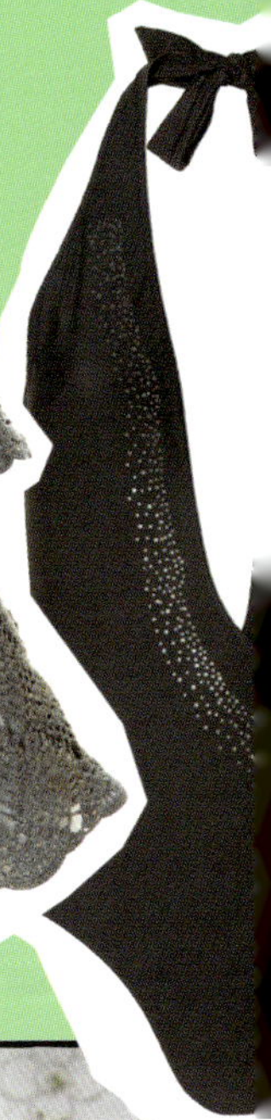

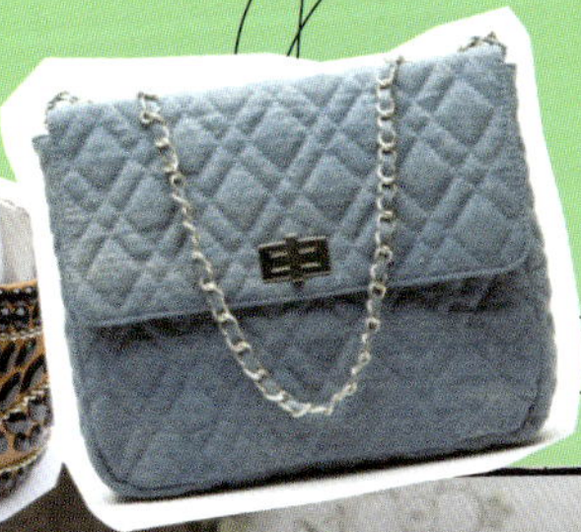

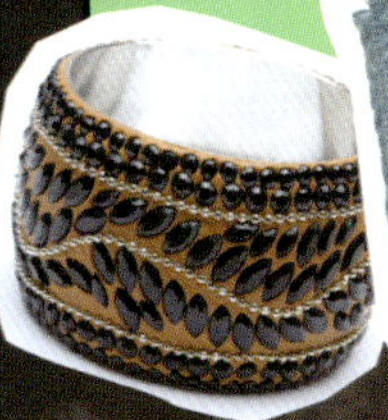

下面介绍几个口碑比较好的热门团购网：

淘宝聚划算

团购这么火，国内网购巨头淘宝怎么能不插一脚？凭借淘宝的巨大平台，淘宝团购拥有更多优秀的供应商，信誉也更有保障。淘宝聚划算每天会同时推出2~3种商品的团购活动，去年9月份的时候，甚至还推出过一次奔驰车的团购！据说价格是当时门店价格的7折左右！3小时之内200多辆奔驰车就团购一空，可惜我没钱，不然也团一辆开一开，呵呵。

怎么团？

买家只有通过聚划算的统一网址入口，才能有权以团购价购买到实惠的活动商品。

单个商品每个淘宝用户ID每天限购一次，每次限购一件。

买家需要在拍下宝贝后30分钟内付款，否则系统自动视为跑单，即放弃团购机会，订单自动关闭。

Blog 7

团购时间为当天的10点到24点之间，只能在规定时间内进行，逾期结束，团购产品自动下架。

卖家将在团购结束后隔日开始发货，具体时间视卖家情况为准，具体实物以店家宝贝为准。因团购的订单量较大，宝贝的发货期为七天。

网购巨头推出的团购非常划算，也比较靠谱！

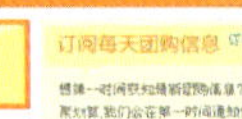

今日团购：上海敦煌农家乐-99元/人1日游，2人成行！棋牌，乒乓球，KTV，采摘蔬菜，特色农家三餐，标房住宿！

¥198.00 参团

关注聚划算

商业交易纠纷

今日团购-上海站

39元美甲套餐，玫瑰浴盐浴手+修形+OPI软化+去死皮+OPI营养油+蔻丹芭比系列（底胶+胶+封层）+OPI手霜+按摩！

¥39.00 参团

篱笆网

前身是上海无忧团购网，是较早进入团购市场的网站。与现在流行的团购模式不同，篱笆网主要面向装修、婚庆、育儿、学车等生活服务，所有入驻的商家在网站发布的价格就是团购价，网站定期还会举办装修讲座、婚展等活动。当然，最吸引消费者的还是篱笆论坛，坛子里有很多用户发的真实案例，从装修房子、婚礼、蜜月旅行再到败家、八卦，图文并茂，非常值得借鉴，有不少团员从此就沦为篱笆女。

怎么团？

首先要注册成为篱笆会员，然后选择中意的商家，如果是购买建材等商品可以直接下订单，如果是购买服务，则先点击“免费预约”进行预约。

获得预约号之后，与商家联系，沟通成功后下订单。

申请篱笆自己的支付平台——篱付通，用网上银行充值之后才能进行交易。

篱笆网分为商业平台和论坛两部分，所有交易必须在商业平台上操作，商家不能进入论坛打小广告或私下交易。

如果在购物过程中出现任何质量和服务问题，可以打电话给网站进行投诉，维护自己的消费权益。

Blog 7

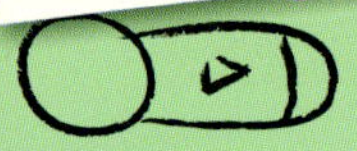
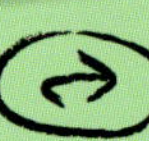

HTTP://WWW.LIBA.COM

篱笆女们的装修、婚庆乐园！

美团现在是我每天一上班就会打开的网页！

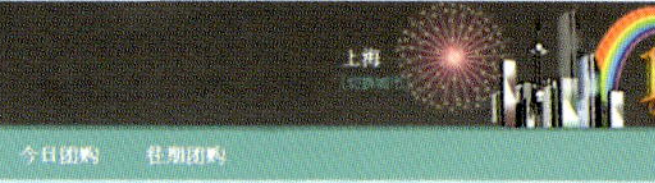

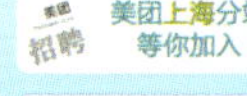

美团网

我当初纯粹是被美团网的“0元抽奖苹果三剑客”的活动勾引着注册的。它们家除了每天推出一单精品消费团购品之外，还经常推出“0元抽奖”的活动，奖品都相当给力，只不过中奖几率也跟彩票中大奖差不多，不指望能抽中啦，反正也不需要额外的费用，碰运气咯。如果你是经常在外面跑的手机用户，这个网站也支持iPhone客户端和Android客户端，可以用手机随时关注团购优惠。

怎么团？

抢购：每天限时一单精品消费，包括美食、餐厅、KTV、SPA、美发、健身等。

分享：邀请好友首次购买，立即获得10元返利，不设上限！

消费：凭美团券，打印或手机短信皆可，到店内享受超值服务。

评价：消费后在美团上评价，会获得积分奖励。

HTTP://WWW.MEITUAN.COM

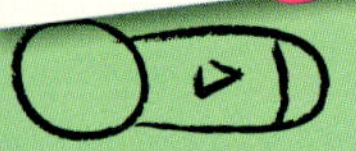

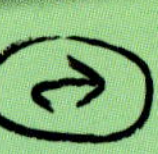

糯米网

我曾经团购过该网站的68元双人电影套餐，当时《盗梦空间》正在热播，如此优惠的票价吸引了上千个糯米粉，造成影院爆棚！这个网站标榜城市精品购物指南，拥有娱乐、社区、网游等业务，但随着这类团购网如美团、拉手、58同城、QQ团购等等越来越扎堆，到头来拼的就是价格和服务了。

怎么团？

如果有中意的当日团购产品，点击“抢购”，填写手机号确认订单。

用支付宝或网银支付团购价格，只有付了款，才算成功团下该产品。一般的团购网站只有没有凑够人数或者商家中止团购的情况下才可以退款，但是糯米推出“七天内未消费可无条件退款”的先例，虽然一次都没退过，但这个举措让经常冲动消费的我找到了个“安慰”，心想反正可以退，结果是团得越来越多。

团购餐券时请注意餐厅的团购限定申明，有些餐厅对团购消费者只提供提前一天预订的服务，如果该餐券买的人过多，有可能预定会很困难，造成过期作废的损失哦！

HTTP://WWW.NUOMI.COM

七天未消费可以无条件退款哦!

首页 精品团购 精品优惠券 媒体报道 登录 注册

62元享原价277元港汇广场『永华电影城』双人超值观影套餐!

¥62 查看 原价 ¥277 节省 ¥215 折扣 2.2折

2天10时27分37秒 4824 人已购买

38元享原价150元的美车饰汽车百货洗车打蜡套餐

¥38 查看 原价 ¥150 节省 ¥112 折扣 2.5折

2天10时27分37秒 192 人已购买

仅88元即享原价195元的『长风公园海洋世界』成人套票，3馆尽收

¥88 查看 原价 ¥195 节省 ¥107 折扣 4.5折

2天10时27分37秒 1528 人已购买

仅售999元起！钻石小鸟心形钻石——样心！糯米粉儿限量专供！

限量心形钻石女戒

限量专供 999

¥999 查看 原价 ¥2699 节省 ¥1700 折扣 3.7折

1天10时27分37秒 38 人已购买

遇到问题请看这里

最新通知

- 糯米网手机版上线 访问地址：m.nuomi.com

499元体验世界顶级奢华！原价1615元的『蘭会所』奢华双人套餐！

原价240元《时尚芭莎》或《时尚芭莎·男士》杂志全年品读！

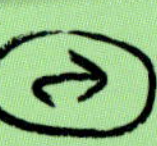

大众点评团

大众点评网算是老牌的点评网站之一了，我基本每次想去哪个餐厅消费，都会打开点评网看一下别人的点评、餐厅推荐菜或是看看有没有优惠券下载。现在，点评网也有团购了，有多优惠我还没试过，留意了一下都是有一定知名度的商家在做。团购流程跟美团、糯米等团购网站差不多。

其实，除了精于做美食推荐的大众点评，还有很多大型的消费导购网站也纷纷推出自己的专业团购平台，团购范围也是五花八门。有侧重于休闲旅行的，如去哪儿（www.qunar.com）；有倾向于女性消费的，如OnlyLady（www.onlylady.com）；有专注于化妆品团购的，如漂亮100（www.piaoliang100.com）。

怎么团？

查看大众点评页面上的今日团购，点击购买。要注意的是，团购到截止时间就结束了，过期不候。有的团购还有数量上限，抢完即止！

购买成功后，网站会发送团购券序列号的短信到手机上，当然网上也可以看到自己购买的团购券的。

每个团购券序列号只能使用一次。在餐厅消费时，事前出示短信，餐厅会事先验证的。

HTTP://WWW.DIANPING.COM

发起团购的餐厅经常是大家点评率最高的！

今日团购　精彩回顾　热门优惠券　如何使用　邀请好友购买返10元

邀请好友购买返10元：新浪微博　MSN/QQ　开心　人人　邮件

今日团购：仅售98元!价值329元火辣餐厅美食套餐(3-4人享用,馋嘴蛙+长沙小炒肉+川江水煮鲶鱼+干锅苗家酸笋鸡+长缸豆炒茄子+龙骨海带汤!融合川湘风味,火辣酣畅滋味嗲!)

¥98　抢购

原价	折扣	节省
¥329	3折	¥231

665 人已购买
数量有限，下单要快哟

剩余时间
1天
10小时
21分钟

丰收日旗下品牌
传承川湘美食经典
食材乡料，各具"辣"色
健康、营养，诠释全新辣菜魅力！

点评团　高品质 可信赖 有特色

关于本团购

【团购详情】
凭大众点评网团购券可享受价值329元的火辣餐厅美食套餐。包含：

火辣餐厅
人均 ¥58
黄浦区河南南路489号香港名都广场4楼(近复兴东路)
营业时间：11：00-22：00
TEL：33660877
交通：乘66路、929路、980路、方川专线到河南南路复兴东路站下
93封点评>>

找找 火辣餐厅 附近的吃喝玩乐？

耕月人荟馆
黄浦区方浜中路235号豫安阁4楼(近安仁街)

希腊游 大奖新鲜出炉啦！

今日其他团购

- 仅售138元!价值520元-680元欧洲坊名牌皮具专业洗护中心高级皮衣/皮…

¥138 原价520 查看
65 人已购买

- 仅售51元!价值216元星美国际影城双人电影套餐

¥51 查看
5910 人已购买

- 仅售10元!价值27元老娘舅新品人气套餐

¥10 原价27 卖光了
7000 人已购买

- 仅售88元!价值840元A302 nail salon美睫套餐

¥88 原价840 查看
841 人已购买

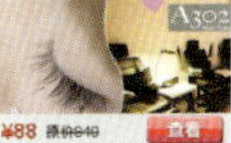

网购外贸服饰不得不知的事

BLOG 8

Blog 8

女孩子都是有虚荣心的，那些百货专卖店橱窗里的品牌服饰光鲜亮丽，谁不希望穿戴一身漂亮又有品质感的名牌呢？可惜，品牌服饰的价格也很漂亮。对荷包并不鼓的我来说，发现网上有不少标榜“外贸原单”的服饰，图片看上去和百货店里的一模一样，而价格却很亲民，不能不说是个很大的诱惑。可是收到货之后，却发现面料、做工都是很廉价的感觉，跟卖家理论吧，他还反讽你不识货。在此之前，先扫一下盲吧！

外贸尾单（原单）

作为“世界工厂”，我国的确有很多服装加工厂在做那些国外知名品牌的订单，而一般这些国外品牌销往百货商场的货品，都是由品牌方提供面料、版型，经过严格的质量检查才可以出厂销售。因为色差、漏针、抽丝、脱线、掉纽扣等瑕疵被退货的，品牌方会在有瑕疵的地方贴一个小红箭头，然后一刀剪除品牌标签；还有的品牌会要求厂家销毁瑕疵品。所以，你一定要相信，真正的尾单是很少的，即使有也大多是残次品，购买之前一定要问清楚。

而有些卖家竟然有标签完好、数量不小的所谓某知名品牌“外贸尾单”，几乎肯定是在忽悠消费者。至于传说中厂家从品牌提供的面料中“抠”出一点、偷偷加工的成衣，这种“尾单”数量其实非常有限，因为品牌方不是傻瓜，会严格核算原材料成本的嘛！一般仅会多提供3％~5%的面料，辅料如纽扣、拉链等的数量则更少，所以即使厂家想多做，也一定是选了不同的面料，且一定是更廉价的面料。

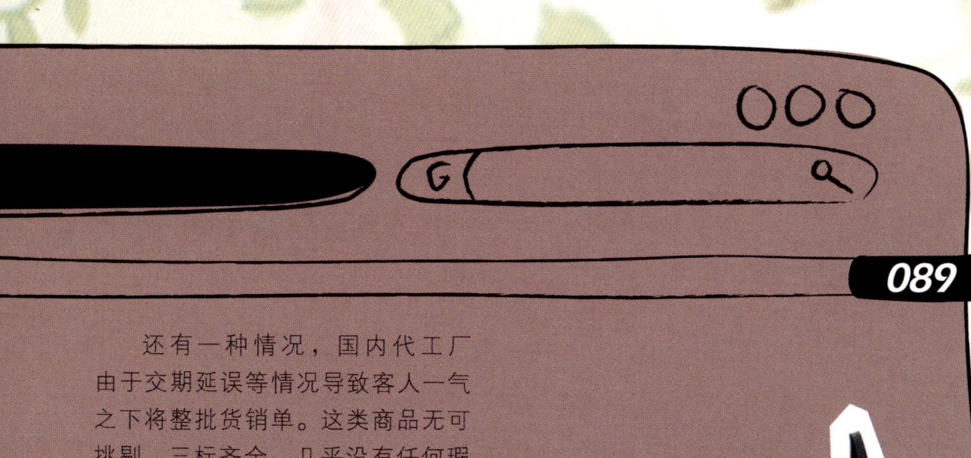

还有一种情况，国内代工厂由于交期延误等情况导致客人一气之下将整批货销单。这类商品无可挑剔，三标齐全，几乎没有任何瑕疵，以前常说的“出口转内销”就是指这类商品。

其实这种情况下的货是内销商人和消费者梦寐以求的，但基本只适用于一些国外并不知名的小品牌或者在国外知名但在中国国内没有设立专柜，也没有什么影响力的品牌。

跟单

这种只能说是外贸厂货，是外贸厂家用原版面料搭配一批国内辅料，凑合出原来的款式。虽然“跟单货”的做工和细节没法跟原版相比，但与正品使用一样的版型和面料，也算是有血缘关系。原单和跟单的最大区别：跟单的吊牌商标齐全。原单大多剪标，一般来说吊牌肯定不在，或者还来不及打上吊牌就被刷下来了。而跟单一般都有吊牌商标水洗标，当然可能和正规专卖店的有细微不一样。真的能淘到这类外贸厂货倒是很合算啦，细节上的瑕疵一般不影响穿着，面料和设计都是跟专柜货一样的，价格却能优惠不少。

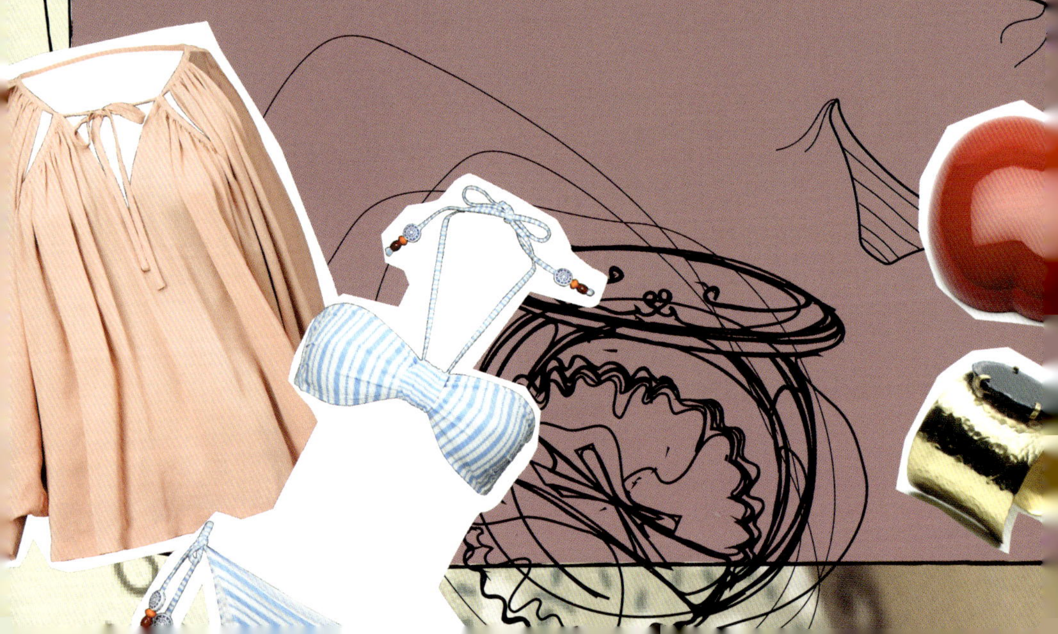

仿单/A货

绝对的假货，质量无保证，这些厂家没有设计版型，没有面料，没有辅料，更没有严格的标准，基本上就是对照成衣图片，然后让裁缝仿着做出来。这也正是网络上最多、最泛滥的一种。

曾经听说东莞的一些小服装厂，定货间除了杂志图片就什么都没有了。这类商品尤其以“韩版”、“瑞丽版”、“VIVI版”最多，大部分流入批发市场，而一些不良商家就拿这种廉价的商品冒充名牌来卖。越是知名度高的奢侈品网上的假货越多，从几十元到上千元不等。当然，仿单中也有部分“高仿品”，最好的超A可以做到做工与原单一样精细，甚至辅料都全部从名牌原厂购买，唯一的差异还是在面料上。

Blog 8

网购没法试穿，这对买衣服来说是一大问题！因为不知道自己能不能穿和穿上呈什么效果。我就碰到过这样的买家，买上衣只单纯的看胸围，买裤子只看腰围和臀围，有的更是只看号码，结果买回去不合适，又要调换，搞得自己既麻烦又心情不好。其实在买衣服时注意下面几点就可以减少这种情况。

第一 看质地

大家都知道有些衣服会缩水（比如某些棉、毛类），有些衣服越穿越大（比如牛仔类）。在买衣服时一定要考虑进去。

LINING

FABRIC

第二 参照自己的衣服尺码购买

很多买家在买衣服时参照的是自己的胸围、腰围等尺寸，其实这样会产生很大的误差。比如买毛衣，因为有弹性就可以将胸围的尺码放宽些，买小点也能穿；买衬衣等没有弹性的衣服时就一定要留出余地。再说裤子，裤子分高、中、低腰，您用自己的腰围去买相同尺寸的低腰裤那就一定会小哦。所以最好是用自己的衣服尺码和卖家提供的尺码做对照，这样就八九不离十了。这里要特别注意的是裤子，一定要搞清裤腰的位置哦。

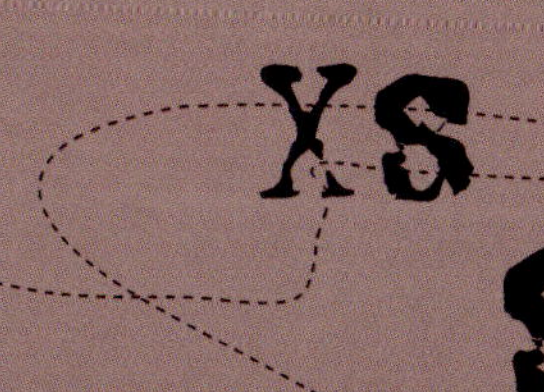

第三 尽量找有模特穿着的照片看一下上身的效果

很多衣服卖家摆放的都很漂亮，有些可能是背后掐腰了、有些是把袖子摺起来了等等……会误导人认为穿上后就这样，结果拿到实物发现完全不一样，现在卖相同产品的卖家很多，尽量多看看也许就能找到模特穿着的照片，货比三家不会吃亏的。有些仿杂志上的款式也要注意哦，卖家多是提供杂志上的图片，要慎重考虑的是做工和质量！

上网买衣服的主要风险

风险一：尺码不合

在没有参照物的情况下，绝大多数服装鞋帽等拿来穿戴的物品是无法通过图片看出实物大小的。

高招

最安全的方式是量好自己的三围，再向店家询问衣服的具体数据，单位要精确到厘米。另一个办法是如实告诉店家自己的身高和体重，让他们根据以往的经验来给出建议。如果实物到后尺码实在不合适，一般可以跟卖家协商请其调换。当然，其间产生的邮费可要买家自负。

风险二：存在色差

一般图片和实物会有轻微色差，有些会比较严重。

高招

购买前一定要询问实物与图片是否有色差。如果掌柜说色差的确存在，可以通过其他途径了解真实颜色，比如请卖家参照其他物品、色卡进行描述。

风险三：质地与想象不符

衣服的质地对穿着效果影响很大，却往往不能在图片上体现出来，解决这类问题最有效的方式就是多问卖家。

高招

对纯棉、丝质、雪纺等常见的服装材质要有起码的概念。即使对专业名词并不精通，但可以通过询问衣料的厚薄、软硬、是否光滑、有无弹性等细节来尽可能准确地勾勒服装材质的外在表现。衣服的面料和成分会在商品页面的“宝贝详情”中标出。

风险四：上身效果不佳

购买前不能试穿，因此无法获得直观的上身效果，是网购衣裤的最大弱点。

高招

学习基本的色彩和搭配常识，对自己的肤色、身材、着装风格和偏好成竹在胸，可以有效避免网购衣裤上身效果不佳的问题。挑选衣服的时候尽量选择有真人试穿图片的店铺。实在没有把握，还可以到商场的百货柜台试穿类似款式的衣服，试好效果再到网上“按图索骥”。

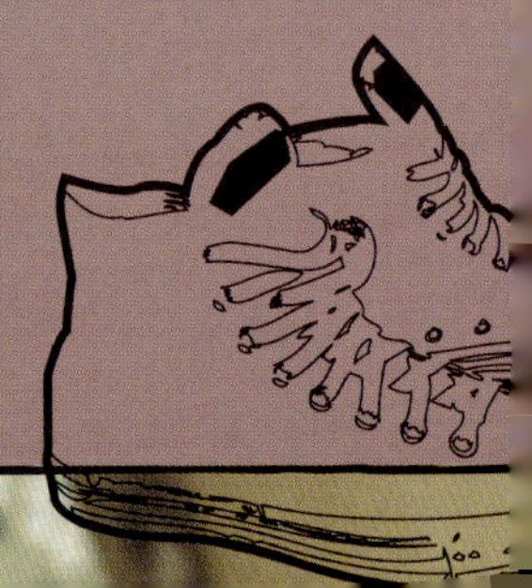

香港三大化妆品网站PK

BLOG 9

Blog 9

经常出境或逛海外网站的人都知道化妆品是暴利，国内专柜的价格更是暴利中的暴利！我们所熟知的那些高端品牌，如倩碧、兰蔻、香奈儿等等，算上关税、广告费、店面费用等等，动辄就好几百上千的。而在国外，很多刚毕业的大学生就能轻松消费这些“奢侈品”，就拿Sally Hansen来说，当初大S推荐这个牌子的指甲底油，国内专柜要卖50元人民币，可是在美国，同款只卖3刀左右，即使折合汇率来算，也不过是20元人民币而已。

于是，很多去不了美国的MM选择去香港狂购化妆品，虽然比不上原产地便宜，但香港的免税政策使得很多在大陆专柜“高高在上”的化妆品放低了身价，并且有更多品牌可供选择。可毕竟去香港也不是那么方便的，更别说香港的酒店暴贵，机票便宜的时候，还不如当天来回来得划算呢！鉴于各种各样的现实因素，香港莎莎、卓悦、草莓网等专业化妆品零售网站开始受到热捧。

SASA莎莎

优惠幅度：SASA是会员制，普通会员一次性购物总额满HKD3500或六个月满HKD5000，即可成为VIP，享受9.5折优惠。之后每年必须消费至少HKD1,200 / US$154方可保留VIP身份。此外，JM要注意一下，尽量以港币方式结算而非美元，因为美元标价往往比港币略高。

运费与配送：所有送往中国的订单，SASA网站均会以特快邮递方式运送，每单75美金以下运费为15美金，消费75美金以上免运费。

需要注意的是：

邮寄往中国深圳市的订单，必须转为挂号快件寄出；

邮寄往中国福建省的订单，收件人需要为货件进行货物报关；

邮寄往中国内地其他省份或城市的订单（包括深圳及福建省），进境物品将有可能被要求缴纳税项或按照货物规定办理通关手续。

卓悦

是与SASA齐名的香港化妆品零售店，很多香港本地人都喜欢到卓悦门店购物，网站上有些商品的价格甚至比SASA更便宜哦。

运费和配送：卓悦对于中国大陆订单的物流，运往广东省、上海市和北京市，运费为港币100.00（3~7个工作日送到），运往其他城市则要港币130.00（7~10个工作日送到），买满HKD580.00 免运费。

HTTP://WWW.BONJOURHK.COM/

草莓网

优惠幅度：草莓网实行的是购物累计，没有会员制的纷扰，但仍可获得长期优惠。

具体优惠幅度为：

第二张订单，1%额外折扣；
第三张订单，2%额外折扣；
第四张订单，3%额外折扣；
第五张订单，4%额外折扣；
第六至九张订单，5%额外折扣；
第十至十九张订单，7.5%额外折扣；
第二十张订单起，10%额外折扣；
单张订单购物金额不限。

运费和配送：在运费方面，草莓网做得很干脆——全世界免运费。因此，商品单价比其他两个网站高一些。但它家的好处是，货物一旦被海关罚了关税，可以退税，不过是在下次购物的时候退还。

HTTP://WWW.STRAWBERRYNET.COM

Blog 9

三家香港网店单品价格对比如下

化妆品	莎莎	卓悦	草莓
碧欧泉活泉水分面膜75ml	US$ 29.20	HKD193.00	RMB 202.50
KOSE雪肌精药用化妆水360ml	US$ 60.60	HKD 382.00	RMB540. 00
H_2O水芝澳8杯水保湿修护晚霜50ml	US$ 38.70	HKD268.00	RMB260. 00

与淘宝网上鱼龙混杂的化妆品卖家相比，这三个网站起码能够保证货品是真货（正品有商品批号、薄膜包装和价格标签），但是有些特价商品会出现快过期的情况。价格方面，SASA和卓悦网站上的标价没有香港门店优惠，草莓网的价格高，但是考虑运费就比较合算了。而且关税新政之后，香港属于境外，购物100元人民币以上就要缴税，使得SASA和卓越的价格优势基本丧失，而草莓网会在包裹上写“礼品”，被海关查到你还可以选择拒付退款或者退税。三个网站的品牌都很多，但草莓网的产品比较全，可惜日系品牌比较少。

流行配饰网上购买最合算

BLOG 10

Blog 10

工作第一年的时候，我臭美地去打了耳洞，从此配饰花销上又多了一笔耳环的支出。

记得我买的第一副闪亮的镶钻耳环，是在精品店挑的，花了我60大元！这要是多买几副换着戴岂不是要上百了？如果不幸是过敏体质，还得买真金白银佩戴，那钱包的压力更不小。

前年，我花80多元买的纯银耳钉居然旅游的时候掉了一只，心疼死我了，从此以后，我买耳钉、耳环、毛衣链之类的饰品尽量到路边的10元店或摊头购买。

原本我自以为10元左右的小饰品已经够廉价了，可今天去表妹家，她正好刚收到淘宝店家的包裹，里面都是些流行款式的小饰品，有六七件吧。表妹告诉我这些饰品一共才30元出头。我有点不太相信，其中一条搭配礼服的项链我在小店里见过差不多

的，开价就35元！表妹得意地拿出货单给我看，晕，每件饰品都在10元以内，那条项链算是里面最贵的，也才8.5元，有一对很百搭的蓝色云母耳钉居然才2.1元！至于质量嘛，跟我以前买的那些也差不多，关键是这么便宜，即使坏掉或不慎丢失也不心疼，多买几种款式，经常可以换着戴。

“快快快！把网址发给我！”我兴奋地向表妹讨要地址。

“表姐，这种便宜的小饰品在网上一抓一大把，好多都是义乌小商品市场批发商的货。”

其实这些潮流饰品的成本都很低，实体店里卖的饰品大部分都来源于小商品市场，用的原料都很廉价，款式也都是山寨一些杂志流行款或日韩品牌的设计，如果不是敏感肌肤的话，根本没必要买很贵的嘛！在淘宝网上搜索“饰品批发”或“义乌小商品”就能搜出很多店家，这些店家本

身就是以做批发生意为主，所以定价更便宜。建议一次性多买几件更划算，自己买不了那么多的话，可以拉上朋友一起拼单，有的店家满一定金额还可以免邮费。不过，大部分批发网店的饰品款式雷同，更新也不够快，毕竟一分钱一分货，要买到更时尚更独特的饰品就没这么廉价了。

MANGO中文官网购物体验

BLOG 11

Blog 11

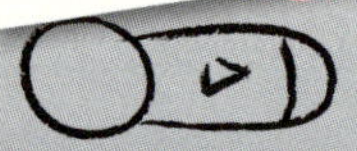
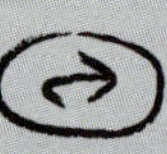

MNG (MANGO) 是来自西班牙巴塞罗那的著名时尚女装品牌，MANGO中文为“芒果”，品牌创办人希望MANGO时装像芒果一样，拥有无限吸引力，一试难忘，穿在身上散发无穷魅力。创立于1984年的MANGO，以时尚、摩登、具都会感的服装设计，加之高档品质和适中价格，成功赢得全球女性的青睐。

如今，MANGO还开通了中文购物网站，即使你所居住的城市没有MANGO专卖店，也可以轻松买到当季新款。而对于熟悉MANGO品牌的网购达人则更关心的是，MANGO中文官网的价格与专柜以及海外官网相比，哪个更优惠呢?

MANGO中国官网地址

网页设计简约时尚，可以看到当季的时装大片，商品分类也很清晰，就是检索商品的时候刷新速度有点慢。随便选了两件衣服做比对。

连衣裙 FSC PLIS

国内售价：RMB899

英国售价：GBP79.9，合RMB846.21

美国售价：USD139.9，合RMB919.43

OP ONLINE
/ Summer 2011 Collection
SCARLETT
presents the must-haves for this Spring
RARD PIQUÉ
wears H.E. by MANGO
NUDE
MICKY GREEN
SCARLETT SPRING 11
SS'11 FASHION SHOW
SHEER MINIMALISM
¥899
MNG

在网上也能买到绝世好Bra

BLOG 12

一位闺蜜跟我说过："内衣一定要买好的，不仅是曲线问题，更是关系到乳房健康问题。"

我表示十二分的赞同！

优质的内衣剪裁得体，面料具有很好的透气性，穿着舒适，罩杯很好地承托住乳房，让你的曲线更加动人。当然，优质的内衣也一定要挑选合适自己的尺寸，并不是你知道自己的三围和罩杯大小就能每次都买对内衣，因为不同款式的内衣有时候罩杯厚度和间距会有所不同，比如我，有的款型穿A罩杯，而有的款型却要穿B罩杯。所以，在购买Bra之前一定要试戴一下才能真的满意。

ALL ABOUT BRA

大商场里卖的那些品牌内衣一套至少200元以上，我常感叹"内衣都比外衣贵了"。只有尽量选择那些相对"朴素"的款式，或者等到特卖的时候选购。

某天上网老看到某内衣品牌的网站在各个网站打广告，抱着好奇的心情点进去，哇！好多超可爱的内衣看得我眼花缭乱，价格也不贵，一些商场里卖得很贵的蕾丝提花文胸在这里只售价100元以内，还有时下大热的豹纹图案和性感的缎带文胸，在特价区里我看中了两款粉色系的文胸，加上短裤一共也才140元，加上情人节活动，再加9元就能送两条全棉情侣内裤，真划算！唯一担心的就是网上买内衣可不如大商场，有更衣室可供试穿，光凭网页上的数据就能买到合身的Bra吗？

不过，我仔细阅读了网站的购物指南，这个网站是可以货到付款的，而且试穿后不合适，只要没有水洗过，就可以在货到7日内免费退换（内裤则无法退还）。抱着试一试的心态，我下了订单。为了免掉配送费，我又挑选了一件乳胶式隐形文胸，凑满200元。

三个工作日后收到快递，拆开包裹，内衣整齐地包在一个漂亮的粉色布袋里，当着快递小哥的面我又不好意思仔细验货，忙付款后跑到卫生

间试穿。其中一款正好，手感和剪裁也跟商场百元左右的文胸差不多；而另一款聚胸型文胸罩杯做得太小了，有点包不住。我赶紧打电话给网站客服，说明原因后表示要换货，客服小姐帮我查了一下订单，问我要换什么尺寸哪种款式？最后让我把包裹里的订单纸条和需要换货的文胸快递回去就可以了。又过了几天，我收到换好的文胸，这回罩杯总算合适了。

几番周折，不过总体来说，第一次在网上购买内衣还算满意！

TIPS:

胸部较小的MM建议选择内垫水袋的3/4 罩杯文胸，因为3/4 罩杯是聚胸效果最好的款式，杯型结构可以将胸部向前推移，即使A罩杯的MM也能挤出性感迷人的乳沟。另外，前扣式中低“V”造型的文胸也能有效的露出性感乳沟。

夏天很多MM都会穿吊带裙，有时候参加隆重的场合还需要一件深V、露背或抹胸式的小礼服来展示你明星般的光鲜性感。穿这些衣服时如果露出文胸肩带，形象就大打了折扣。

除了购买隐形肩带外，隐形文胸也是许多时髦女性的选择。硅胶隐形乳贴是晚礼服的最佳拍档，你看那些走红毯的女明星们，穿着大露背礼服，胸前依然傲然挺立，就是多亏了硅胶隐形乳贴。这种隐形文胸没有任何肩带，靠乳胶的粘性贴合肌肤，效果相当自然，穿戴脱卸都很方便。但是用了几次后粘性就会降低，胸部丰满的MM要注意乳贴下坠，容易出汗

的MM也要注意，乳贴会因为汗液浸泡而滑落，那就尴尬了。保险一点的话，最好选择抹胸式文胸，虽然没有肩带，但是承托效果仍然不错，有些款式加了些蕾丝设计，搭配低胸吊带裙时露出来一点花边，也有很好的装饰效果。

还有一种比较适合时尚女性的就是可改变肩带的文胸，平时是普通的肩带，可以根据服饰需要变成吊脖式或后背交叉式等等，一些纤细靓丽的肩带设计即使露出来也不会难看，反而成为一种点缀呢。

需要测量的数据
正确的测量姿势：
1 尽量以赤裸或接近赤裸的状态来测量。
2 立正放松肩膀，
将脊椎自然伸直的站立姿势。
3 软尺应保持水平，并且不可滑脱。
4 测量时不可拉得过紧或过松。
测量三围的位置
需要测量的数据
1 上胸围：乳房隆起的最高点
2 下胸围：紧贴乳房隆起处的下缘
3 腰围：围绕上半身最细的部分
4 臀围：围绕腰部以下最丰满的部分
测量三围的位置

如何选择放心的网店购买?

品牌官网

如果你通过长时间的购买和穿戴体验，对某内衣品牌非常信赖，而目前很多知名内衣品牌都开设自己的官方网站，那么在官网上购买是最能保证品质的。虽然官网上的价格并不会比实体店优惠多少，但至少买个放心，随时关注折扣促销信息，不用在商场里挤来挤去就能淘到性价比高的产品。

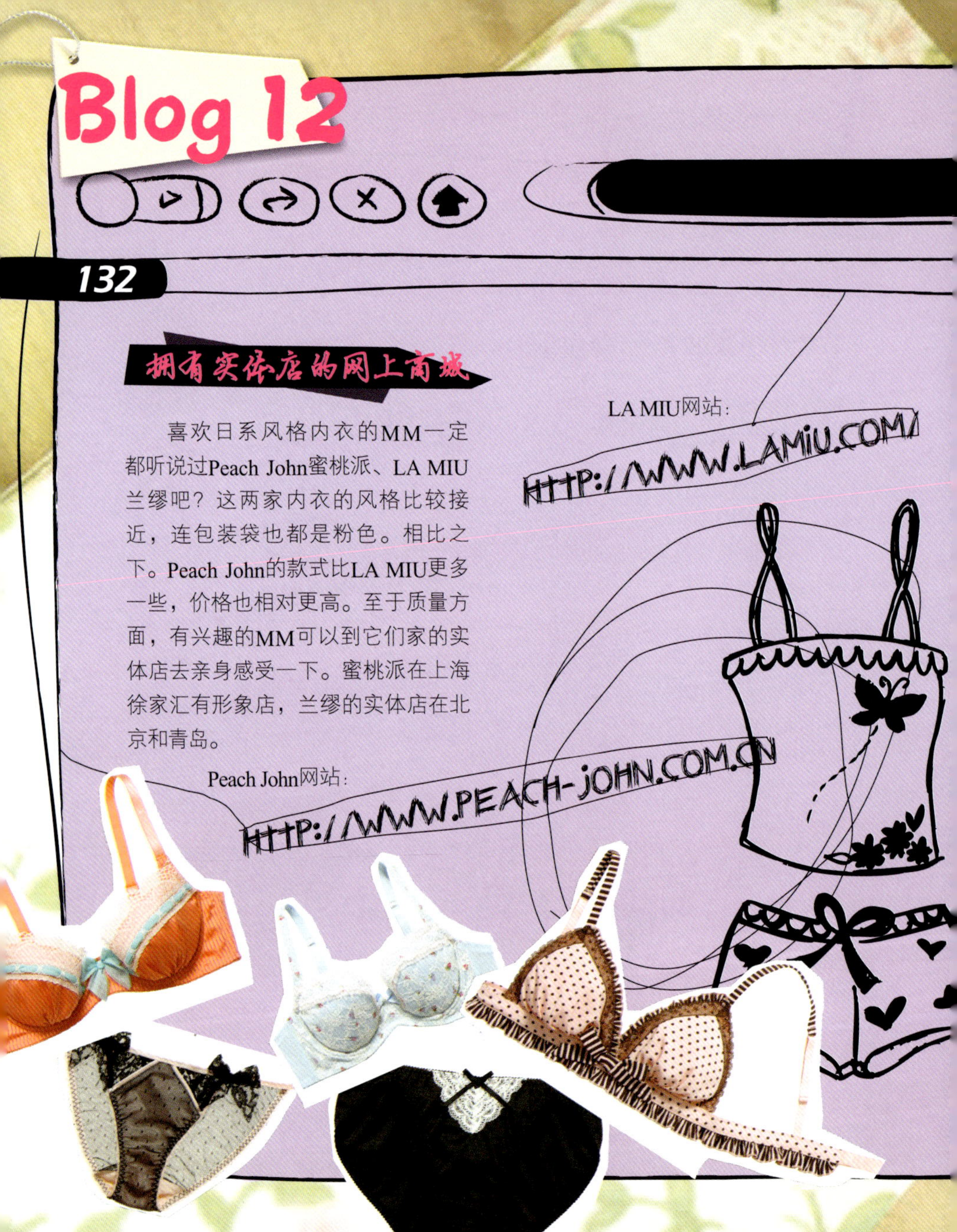

拥有实体店的网上商城

喜欢日系风格内衣的MM一定都听说过Peach John蜜桃派、LA MIU兰缪吧？这两家内衣的风格比较接近，连包装袋也都是粉色。相比之下。Peach John的款式比LA MIU更多一些，价格也相对更高。至于质量方面，有兴趣的MM可以到它们家的实体店去亲身感受一下。蜜桃派在上海徐家汇有形象店，兰缪的实体店在北京和青岛。

Peach John网站：

HTTP://WWW.PEACH-JOHN.COM.CN

LA MIU网站：

HTTP://WWW.LAMIU.COM/

加入消保的外贸网店

一般加入消保、承诺7日之内退换货的网店都有正规的进货渠道，我在这些店购物会更放心一点。我个人不是很崇尚品牌的人，只要材质舒适就好，尤其是在买夏天穿的打底抹胸、内裤和睡裙时，不用像挑选文胸时那样要考虑剪裁。这样下来就会发现，有些外贸网店的东西性价比有品牌的可高得多啦。

款式可爱的全棉内裤十元两条比比皆是，时尚性感的缎面睡裙也比商场里品牌货便宜许多。有些做外贸单的网店偶尔也会有品牌内衣出售，多为库存或有瑕疵的产品，价格实惠，拍下前最好问清楚店家瑕疵情况以及能否退换货。

逛独立设计师的网店

BLOG 13

今天乘地铁，看到一个小姑娘跟我穿一模一样的连衣裙！

这是我一年内第三次撞衫了！

也难怪，谁叫我现在都是在网上买衣服呢？那些价廉物美的衣服人人都在买，有些人气单品月销量就是上百件，不撞衫才怪了。

如果和我撞衫的女人恰好是个美女，比我穿得好看，我会羡慕嫉妒恨；如果和我撞衫的女人整体造型很糟糕，我又会怀疑自己的眼光也有问题。真教人情何以堪！

最近请教了一个一直打扮特立独行的潮人朋友，她说："如果不想撞衫，可以到一些原创设计师的网店淘淘呀。"

据那位潮人朋友介绍，为了扩大知名度和寻找商机，有些刚起步的独立设计师会自己开网店销售自己的设计作品，这些作品一般比较突出设计师个人风格，单品数量也很有限，甚至有些实验性的样衣更是独一无二，值得收藏。

另外，还有一些比较有实力的公司，则是聚集了一部分业内已经有些知名度的年轻设计师开设网站，销售原创的服饰产品。与批量生产的成衣相比，大部分设计师作品在注重实用性的同时更加风格化，有时候网站还推出个人定制业务，让MM们过一把"高定"的瘾。

7D网

7D网是一家专注于设计师品牌和设计师定制的在线设计师经纪综合网站平台。商城的网页设计很有大牌范儿，目前该网站已签约二十多位新生代服装设计师，拥有服饰、配饰总计上千种潮流单品，每位设计师都有独立的个人风格展示和销售平台，用高品质设计师服饰打造出独一无二的时尚品位。7D的衣服价格肯定比一般的淘宝网店要贵一些，但是考虑到面料、剪裁和设计元素，这个价格还是可以接受的。最重要的是，网站购物支持货到付款，即使订购的服饰不满意，也可以在15天内无条件免运费退换货。不过，美中不足的是，网站的上新速度不快，一般每月上新一两次，毕竟设计要看灵感的，不是流水线大批生产的缘故吧。

DESIGNER

关于7D网上定制服饰

在7D网，除了可以买到设计师亲自操刀的个性服饰，它们家还在全国首次推出了线上服装定制的服务。与专业的服装定制设计师合作，将欧美、日韩的时尚设计以更优惠的价格引入国内。如果你要参加一次重要的面试或是出席重大宴会，质量上乘的名牌礼服都价值不菲，或者是买不到合身的尺寸，这时候就可以考虑在网上定制礼服。

CUSTOMIZE

购物流程及优惠

和传统的电子商务网站一样，7D网站的操作流程也是非常简便的，注册成为会员，选购商品后进入支付环节，7D有三种支付方式，网银转账、支付宝，还有余额付款。正常情况下，网站会在收到款的当天安排发货，遇到特殊情况也会有客服提前和用户沟通。

7D目前长期进行的针对所有新用户的活动是注册即送50元代金券，购买商品时可以直接使用。另外，一般在换季时还会做一些打折活动，因为打折的商品有些还是限量款，所以用户绝对有可能以超低的折扣价买到超值的精品。

本裁SIMPLECUT原创设计

本裁的淘宝店已经做到了两个皇冠，生意一直很不错，并且开出了淘宝商城旗舰店。当初打开店铺网页的第一个感觉就是很清新，那个笑起来很有喜感的专属模特，已经成为本裁的招牌。

不同于时下网络上最为流行的模仿日韩风格的模特搭配片，“本裁”的服装搭配片显然很有想法。店主纪薇是一位北京的年轻设计师，所有的商品都出自她的原创设计，这在充斥着外贸货与批发市场货的淘宝上显得非常个性化。

ORIGINAL

仔细浏览一下，整体感觉是：衣服有设计感，兼备可穿性，“立体剪裁”这词反复被提起，而且对面料比较讲究，同时，并未因为是原创就将价格定得高高在上。这其中，“设计感”、“可穿性”、“面料讲究”、“立体剪裁”几个因素都让我产生好感，隐约带着点京味。

当然，它家的东西也是无法完全独立于流行，复古啊八十年代啊都得有，一些服饰单品的小创意绝对会让人显得个性十足。也许当你第一次拿到本裁时会不知如何穿着，有的可顺穿，有的也可倒穿，这就是本裁独特的设计味道之一。不过，个人觉得冬装的颜色比较厚重，多为宽松式设计，春秋季的款式更适合年轻MM。无论如何，我是打心底里支持这样的原创品牌。

HTTP://SHOP57524692.TAOBAO.COM/

国内网购正品护肤品，怎样才算靠谱？

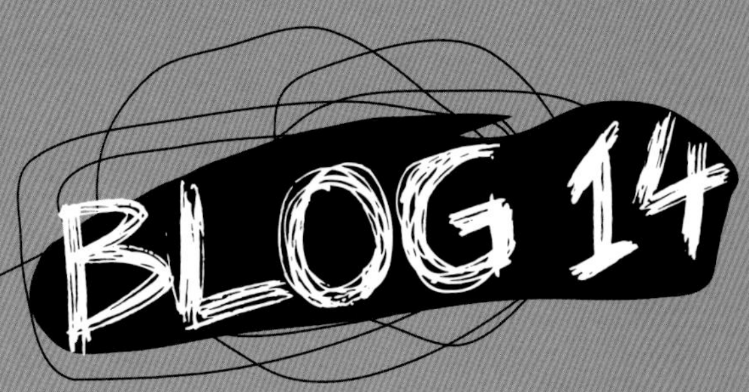
BLOG 14

离香港太远，不经常飞国际航班，海外代购又怕被海关扣，再加上日元升值啦，去日本买护肤品优惠也就不如以前那么划算，真是有够郁闷的！

对我这样爱漂亮又囊中羞涩的败家族来说，剩下的似乎只能在国内网站上购买护肤品了。可人人都知道淘宝水深，真真假假混着卖，行货水货傻傻分不清楚。

尽管不少帖子列举了各种识别真假的办法，但有些方法并不一定管用。例如有些海外品牌的外包装跟国内专柜的包装还不太一样，无法百分百判断真假；专柜有售的大品牌还好，大不了先买个正品然后对照着网购的货品细细比较；如果买的是那种国内没进口的洋品牌就难了，对着一堆看不懂的外文标签，辨认真伪更加有难度。虽然我刚接触网购的时候也买过一次便宜的彩妆小样，但始终不敢轻易在私人卖家那里购买护肤品，毕竟是直接使用在皮肤上的，万一质量有问题可得不偿失。

当然，有些我常用的护肤品还是会选择在网上购买，但一般会选择以下几种网购渠道，宁可折扣不多，也要保证货品正。

Blog 14

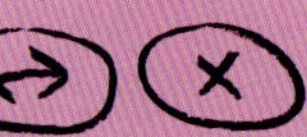

选择加入消费者保障服务的淘宝商城

这是一个基本条件，因为加入商城的商家往往都有营业执照认证，可以开具正规的购物发票，如果毫无顾忌地卖假货而遭到消费者投诉则会取消消保资格甚至退出商城。另外还有假一赔三、全球购、货到付款等资质都能使你购买正品更加有保障。现在很多知名护肤品品牌都在淘宝上开了商城专卖，与其在漫漫小店里瞎淘，不如在商城里购买更放心。

品牌官方购物网

像欧莱雅、倩碧等国际大品牌以及佰草集、相宜本草等国产知名品牌都推出了自己的购物平台，只不过价格上与专柜相比没多少折扣，进口品牌没法同步享受本土的价格优惠和促销活动，但会针对国内会员不定期推出免费试用等活动。

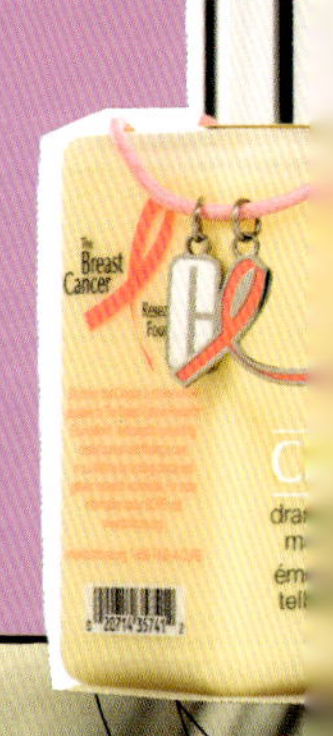

尽量选择品牌集中、产品线齐全的网站

比如专卖药妆的，或者以经营日韩品牌为主，或者代理本土的美妆品牌。毕竟正品的进货渠道有限，如果品牌较杂，货源一多就可能顾此失彼，无法做好品质控制。而针对一个品牌而言，拥有全系列的产品，这样的店更货真价实。

实力雄厚的名品折扣网站

一些网站的背景与高端化妆品品牌有着长期且深厚的合作关系，常常会以推广为目的定期推出一些折扣产品，还有的网站是有着专业的时尚买手团队，能够通过正规渠道拿到一些进口品牌代理。这些网站的产品往往只对注册会员开售，并且存货有限，短时间内就会售完。

Blog 14

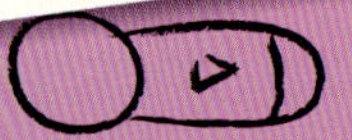

全球化妆品零售权威：丝芙兰官方网店

作为全球奢侈品集团LVMH旗下的专业化妆品零售品牌，丝芙兰已经在国内二十多个大城市开设连锁店，汇聚了海外许多高端护肤品、彩妆、洗浴和香氛品牌，让人置身于时尚缤纷的美丽世界中。我家附近就有一家，经常路过的时候被美丽的新品海报所吸引，进去试用一下彩妆或指甲油，即便不买也不会受到专柜小姐的BS。有一年圣诞节买了它们家一款香水，收到邮件后才知道原来可以在它们官网上购物，有时候它们会推出针对会员网购的优惠活动和积分返利，比到店里买更划算。

优点：

包装精美，百分百正品保证，而且会独家发售一些国内买不到的品牌和自有品牌。

缺点：

一个字：贵！一些品牌单品跟专柜价格也差不了多少。买套装会稍微便宜一些，但是索要不到多少样品。

HTTP://WWW.SEPHORA.CN

支付:

支持支付宝和网银支付，可货到付款，购物满300免费配送。

TIPS:

多多关注节假日推出的特别优惠活动和定期的超值赠品，有时候会有惊喜哦！

国内最全的法国药妆购物平台：欧美药妆

如果你是敏感肌肤，信赖药妆或天然植物萃取的护肤产品，那么对依泉、欧树、欧萃碧等品牌一定不陌生吧。

但这些药妆品牌在本国多在药房或专业护肤中心出售，进入中国也几乎不开设专柜，欧美药妆可以说是国内唯一的代理商，它们家的连锁店装修风格很干净，经营多种温和无添加的高端护肤品牌，连销售人员也穿着白衣，有点药房的感觉。我买过它们家的明星产品——欧树神奇护理油和欧敏肤的祛斑精华，两瓶东西就要七百多元，还真是心痛！索要发票的时候说是会根据会员登记的地址统一递送，结果一直就没递出来！

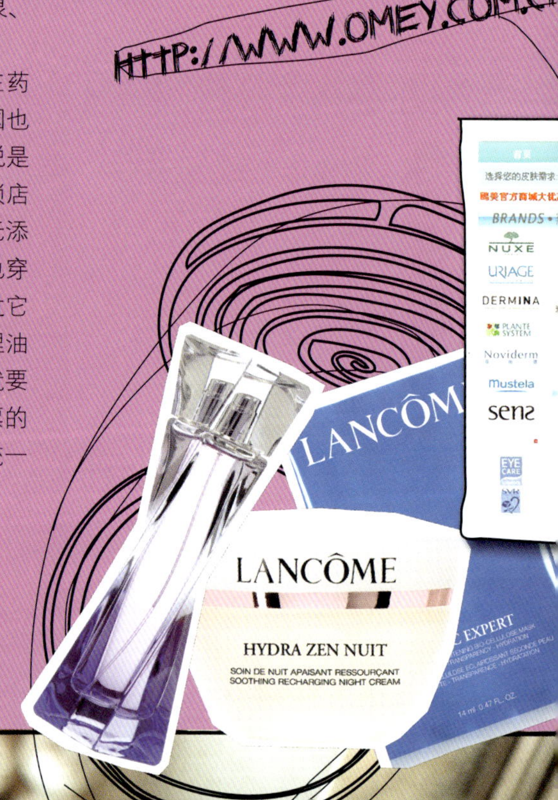

优点：

法国药妆和芳香品牌专业代理，货品来源可靠，产品温和无刺激，适合敏感肌肤。除了成人护肤品之外，还经营婴儿护肤品和法国男士药妆品牌。

缺点：

价格偏高，服务一般，某些美白祛斑产品效果一般。

支付：

支持支付宝和银行汇款，购物满300元免运费，上海地区满500元可享受货到付款。

女人我最大推荐网站：魅丽奇PayEasy

曾经一段时间很喜欢看《女人我最大》这样的节目，里面讲到的一些护理方法和化妆手法都很适用，比起欧美大牌护肤品的高高在上，台湾本土产品的价格则亲民了许多，而且配方会更贴合东方人的肌肤。大部分台湾品牌走的是物美价廉的路线，很少会进国内百货专柜，爱美的MM只有通过网购来向台湾美容达人看齐了，所幸台湾最大的女性购物网站PayEasy开通了针对中国大陆用户的购物平

台，网站上不仅有台湾热卖的人气产品，还有大家熟悉的美妆老师凯文和蔡依林等明星私房美甲产品推荐，以及一些美妆用具和美体产品。从网站设计到产品包装上可以看出，该网站主要面对的是年轻可爱的MM。

Blog 14

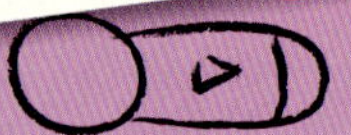

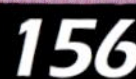

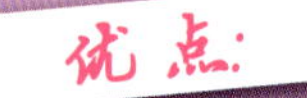

优点：

台湾授权正品保证，价格亲民，商品签收当日起八天内可免费退换货。

缺点：

都是台湾本土的化妆品品牌，售价比台湾略高，主要侧重于彩妆和基础护理，比较适合年轻肌肤的MM。

支付：

支持支付宝付款，购物满150元免运费。

HTTP://WWW.PAYEZ.CN/

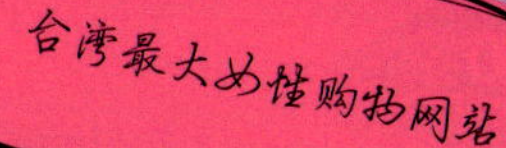

★ BeautyMaker凯文时尚彩妆网 特惠活动

★ BeautyHair小曼魔发网 特惠活动

Blog 14

精品购物指南旗下网购平台：漂亮100

HTTP://WWW.PIAOLIANG100.CO

优点：

品牌种类多样，产品多为《精品购物指南》的合作品牌，质量比较有保证。有些产品因宣传需要，优惠幅度比较给力。

缺点：

产品不成系列，库存不够充足，有些货品要注意保质期。

支付：

在线网银、支付宝、网汇通、快钱、财付通均可支付。

《精品购物指南》合作品牌

LOLA
MARC JACOBS
Jurlique
Chamomile Shampoo
A gentle daily shampoo
300mL 10.1fl.oz.

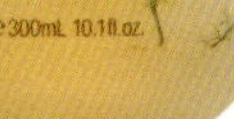

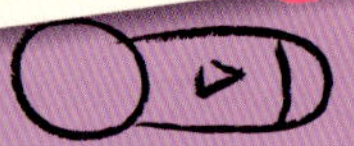

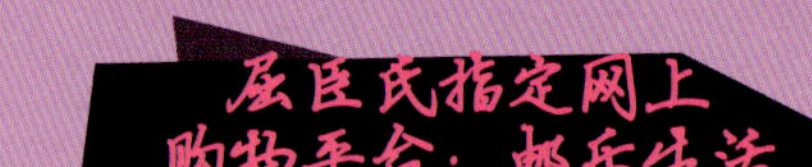

屈臣氏指定网上购物平台：邮乐生活

这是屈臣氏与邮乐网合作推出的网上购物专区，以经营屈臣氏旗下的护理类和健康保健类产品为主。

优点：

凭屈臣氏的会员卡在网上购物可以积分，全场免运费。

只出售屈臣氏自主品牌，一些在屈臣氏超市热卖的其他品牌则找不到。

网银支付和邮政汇款。

屈臣氏-邮乐官方网站

HTTP://WWW.ULE.COM.CN/STORE/351.HTML?RCID=HOMEPAGE_NAV_KEYWORDS_003

那些直运中国的境外购物网

BLOG 15

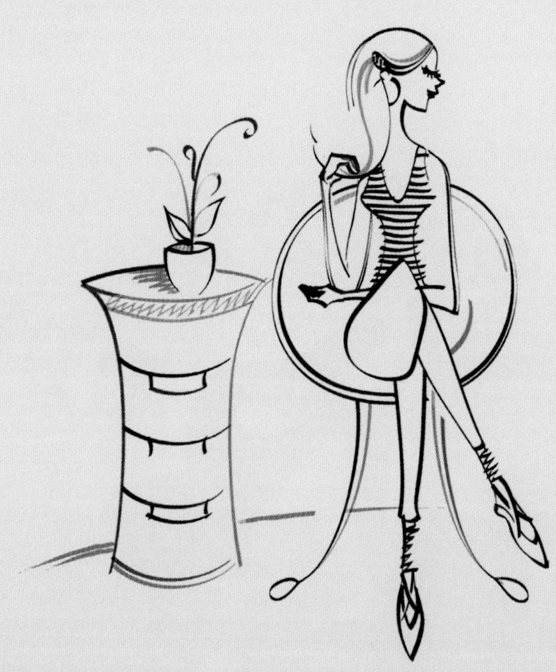

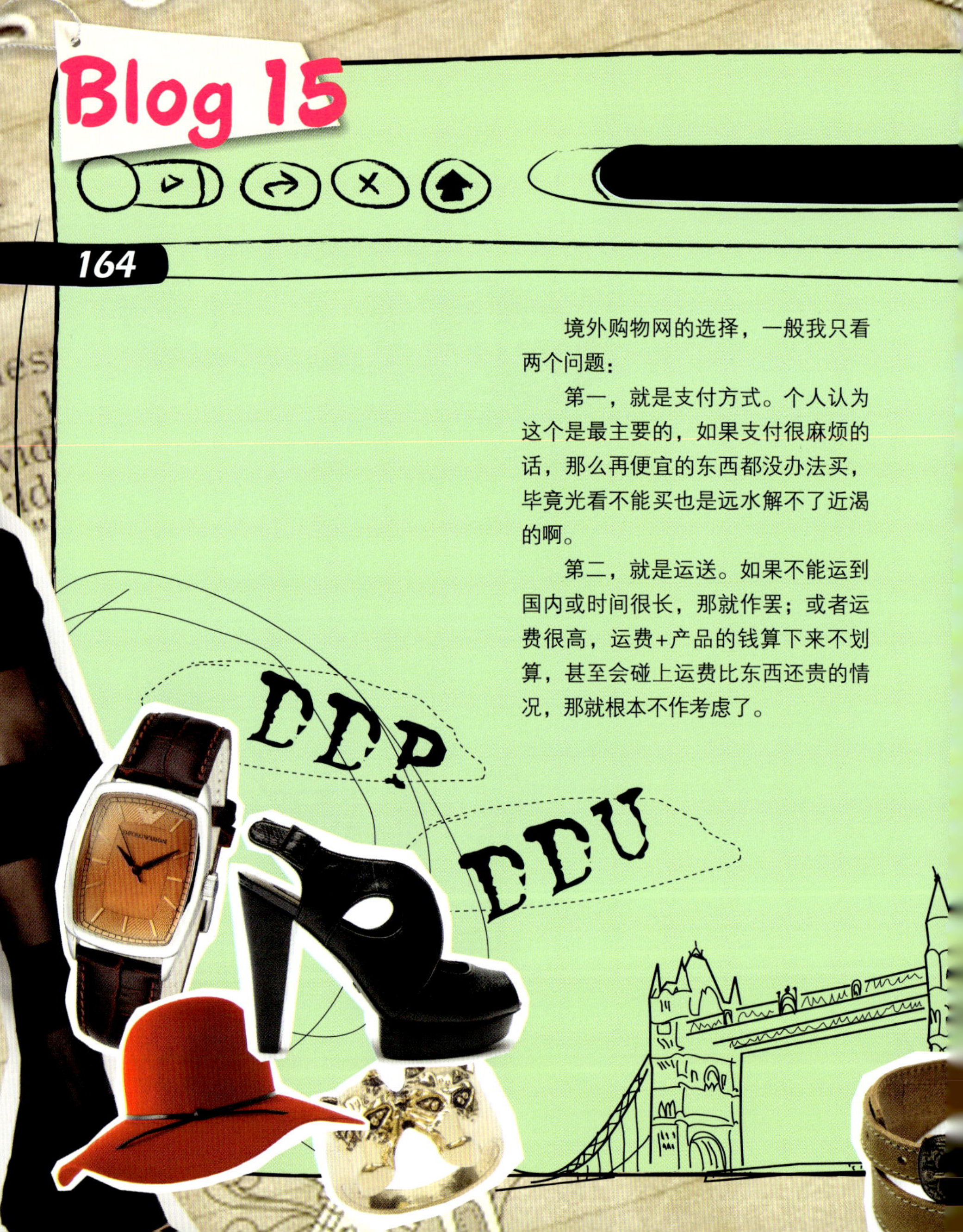

境外购物网的选择，一般我只看两个问题：

第一，就是支付方式。个人认为这个是最主要的，如果支付很麻烦的话，那么再便宜的东西都没办法买，毕竟光看不能买也是远水解不了近渴的啊。

第二，就是运送。如果不能运到国内或时间很长，那就作罢；或者运费很高，运费+产品的钱算下来不划算，甚至会碰上运费比东西还贵的情况，那就根本不作考虑了。

关键词
DDP&DDU

About境外购物关税问题

关税问题一般也就两种情况，DDP (Delivery Duty Paid)和DDU (Delivery Duty Unpaid)。DDP就是说在下单后结账的时候，购物网站会自动代收关税，并且在货品到达所在国家时主动报税；DDU则反之，网站不负责报关，也不会代收关税。基本上现在所有的境外网站都会把中国列为DDU国家，不会代收关税也不会替你报税。

SHOPPING

不过，有一些网站会推出比较贴心的服务，在填写快递单货品内容一栏写上GIFT（礼物），这样就比什么都不写，或者写货物本身更安全。还有的网站，可以选择在金额处填写实际金额的50%，这样的话就算收税也会少收不少，就是要注意商品万一丢失了，索赔的金额也就只有你填写的这50%了，到底怎样填写还是得MM们自己衡量好了。

SkinStore（美国）

HTTP://WWW.SKINSTORE.COM/
HTTP://WWW.SKINSTORECHINA.COM/

作为全球最知名的化妆品电子商务购物平台之一，SkinStore汇聚了300多个世界顶级美容护肤品牌旗下7000多款产品，全部产品由美国直接发货，保证正品品质。而且，2010年5月，SkinStore致美网正式进入中国，总部设在杭州。今后，热衷国外美容品牌，尤其是冷门品牌的MM们不用再担忧买不到、语言不通、支付麻烦等等问题啦。

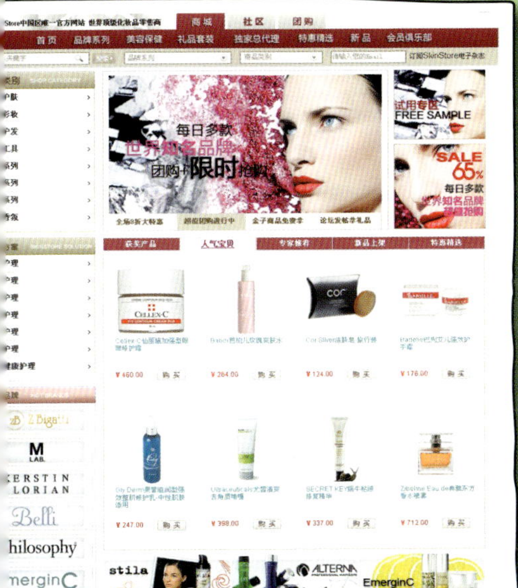

精明购:

据我研究，SkinStore上的价格相当于国内专柜的七折，并且有众多还没有进入国内化妆品市场，但在网上评价甚高的产品推出，这是最值得我光顾的一个优点。除此之外，SkinStore网站经常还会有优惠活动和新品试用活动推出。

美中不足:

由于网站的所有商品都从美国直运，因此买家下单后，一般需要7~9个工作日才能收到商品。网站上的商品由DHL敦豪国际快递负责承运，事先说明运费可真真不便宜哦！1磅以下的订单是每单RMB102元，1磅到2磅之间是RMB136元。不过SkinStore有时也会搞些活动，比如之前为了庆祝中国官网正式运营，消费满一定金额可以免运费，不过这个“一定金额”数目必定不小，建议和朋友一起拼购才会比较合算啦！

Shopbop（美国）

Shopbop以销售美国本土设计师的服装作品为主，从热销牛仔品牌到最流行的名牌服饰应有尽有，是对juicy、j brand、marc by marc jacobs、siwy等等个性品牌长草的MM们一定要去光顾的购物网站。Shopbop的网页做得很简洁，物品图片也都赏心悦目，除了购物，每天看看还能学学欧美人的搭配技巧。

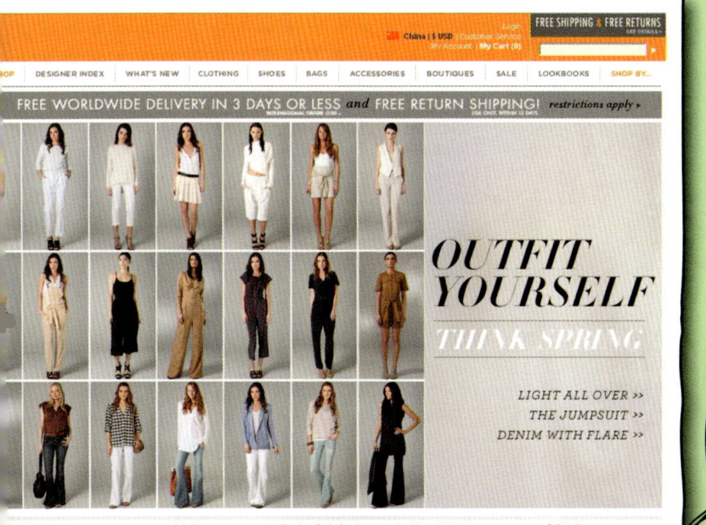
FREE SHIPPING & FREE RETURNS
China | $ USD | Customer Service
My Account | My Cart (0)
DESIGNER INDEX
WHAT'S NEW
CLOTHING
SHOES
BAGS
ACCESSORIES
BOUTIQUES
SALE
LOOKBOOKS
SHOP BY...
FREE WORLDWIDE DELIVERY IN 3 DAYS OR LESS and FREE RETURN SHIPPING! restrictions apply »
OUTFIT YOURSELF
THINK SPRING
LIGHT ALL OVER >>
THE JUMPSUIT >>
DENIM WITH FLARE >>
Join Us
Shopbop Favorites
Shopbop Feels Good
Kenneth Jay Lane
Talk to Us
BE OUR FRIEND
twitter

HTTP://WWW.SHOPBOP.COM/

Blog 15

精明购:

潜伏了将近一个多月，我发现Shopbop上的更新速度还是很快的，平均是一周五天上新货的概率，这样的频率让我有阵子养成了每天都要去刷新一下它们网站的习惯。Shopbop上能出到的折扣也很低，经常是3~5折起。而且在此我要表扬一下Shopbop家，它们很贴心地在客户服务一项上做了中文网页，以及送货条例都有中文说明，大大方便了国内MM。另外，在Shopbop上长期推出的优惠是购物满100刀可以免费送货到国内！在此也要郑重提醒各位MM，在 Shopbop上购物通过Mrrebates（美国返利网，稍后会说）走，还可以有6%的返还哦。

美中不足:

选择运送方式的时候，选UPS的话要注意是主动报关的哦。想想，衣服的税率为20%，鞋子包包的税率为10%，还要额外加上17%的增值税，这笔账可不小哦。唯一可欣慰的是UPS的速度还是可以保证的。后来Shopbop开通了USPS，用USPS即便超过100刀，进入中国也属于民用包裹，无需缴纳乱七八糟的款税，可关税新政推出后可能会有被抽查的风险哦。

Blog 15

FEELUNIQUE（英国）

英国本土的购物网站，主打欧洲系化妆品牌，Chanel、娇韵诗、思妍丽、darphin、elemis、carita、欧舒丹等等，赶上节日促销啥的，价格低得令人崩溃（特别是买了专柜货的人）。对于我们这些身处国内，为比货物本身还要贵的运费焦头烂额的网购爱好者来说，全球免运费是选择FEELUNIQUE最大的诱惑。没有购物税，货品齐全，本土价格，国际品质，生产日期新鲜，还有一个大大的优惠，就是英镑大贬值！

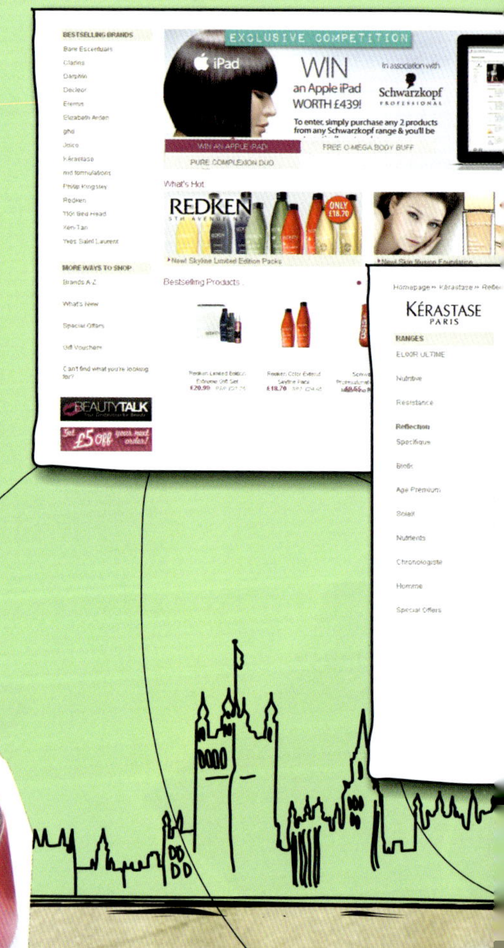

HTTP://WWW.FEELUNIQUE.COM/

CLARINS

RANGES

Body

ClarinsMen

Face

Fragrance

Make-Up

Sun

What's New

CLARINS

Vital Light

Ultimate Innovation
Achieves age-defying luminosity

NEW! NEO PASTELS

NEW! SKIN ILLUSION FOUNDATION

VITAL LIGHT COMFORT CREAMS

Clarins

More about Clarins

FACE

Clarins skin care is designed to address specific skin problems, with products that leave a radiant & youthful complexion.

BODY

Clarins body care products contain the most effective ingredients to improve the appearance & condition of the body & bust.

MAKE-UP

Clarins make-up collection offers a complete range of fashion-forward shades & textures to create a flawless appearance.

SUN

Clarins are committed to protecting skin with high spectrum sun filters & nourishing plant extracts for deep-down UV protection.

CLARINSMEN

Offers tailored solutions to wash, shave, hydrate & maintain men's skin, as well as SOS Express & Age control solutions.

FRAGRANCE

Clarins fragrances are made with pure plant essences that scent the skin whilst lifting the senses.

Bestselling Clarins Products...

Clarins Beauty Flash Balm 50ml £20.99

Clarins Skin Illusion Natural Radiance Foundation SPF 10 30ml

Clarins Toning Lotion with Iris - Combination/Oily Skin

Clarins ClarinsMen Moisture Gel 50ml £20.99

Clarins Toning Lotion with Camomile - Dry/Normal Skin

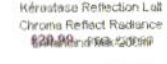
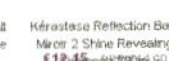

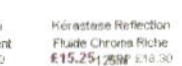

Kérastase Reflection Lait Chroma Reflect Radiance

Kérastase Reflection Bain Miroir 2 Shine Revealing

Kérastase Reflection Chroma Riche Treatment £20.99

Kérastase Reflection Fluide Chroma Riche £15.25

ncdon

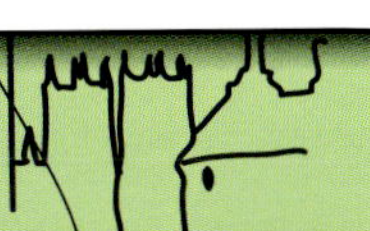
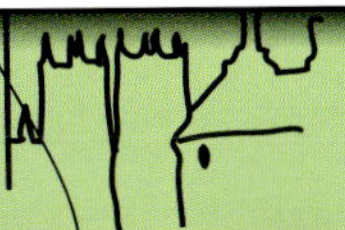

CLARINS PARIS

Gel Buste

CLARINS PARIS

Gelée Après Soleil
Fraîcheur Apaisante
Réhydratante
Prolonge le Bronzage

After Sun Gel
Ultra-Soothing
Rehydrates
Prolongs a Tan

精明购:

我们手里在用的信用卡，不论visa还是master都是用美元来结算的，但FEELUNIQUE是英国网站，美元转英镑的过程中要生成十几块甚至几十块的手续费，这笔费用都可以在它们家买样小东西了。所以，在FEELUNIQUE购物建议MM们去办一张欧元/英镑信用卡，貌似中国银行有这个卡种，可以去咨询一下。另外，MM们要多多关注FEELUNIQUE定期更新的一些优惠套装，组合套装的折扣非常实惠，就算当前不需要，也可以先备着嘛。在结账之前，还有个重要的省钱步骤，就是去google搜索“feelunique voucher codes”，也就是它们家的购物折扣券，老外们可是很喜欢分享的哦！

美中不足:

FEELUNIQUE寄过来的包裹，外面会标明是化妆品，并且写明购买价格，所以建议不要单笔购买分量太重或者价格太高的商品，大概每次不要超过1000元人民币。要知道分量重又值钱的东西最容易被海关抽查啦！反正FEELUNIQUE它们家是全球免运费，MM们哪怕每天买一样，网站也会按你的要求发货的！

ASOS（英国）

ASOS是“as seen on screen”（和你在屏幕上看到的一样）的缩写，看字面意思就知道了，是一家贯彻“货真价实”方针的网上购物平台。ASOS是走少女风格的时装网店，在英国，甚至能与Topshop一拼高下。ASOS设计风格比较大牌风，推出的“仿明星衣着”的款式轰动整个英国，让平民MM们也能穿上大牌风格的衣服。

WOMEN | MEN | MARKETPLACE NEW | BLOGS NEW

FREE DELIVERY WORLDWIDE on all orders, everywhere – MORE INFO › | NEW 20% NUS student discount – MORE INFO ›

STYLE INSPIRATION

Spring/Summer Trend Guide

Seventies Chic

Fashion Week

Pleats

ASOS Magazine

IN BLOOM

TAILORED TO SUIT

SHOP NOW ›

ON THE DOT

SHOP NOW ›

WOMEN | MEN | MARKETPLACE NEW | BLOGS NEW

FREE DELIVERY WORLDWIDE on all orders, everywhere – MORE INFO › | NEW 20% NUS student discount – MORE INFO ›

EXTRA

20% off

NUS Extra Cardholders receive 20% off product across the ASOS site with a valid NUS Extra card number.

To redeem the discount enter your NUS Extra card number when prompted at the checkout.

WOMEN | MEN | BOUTIQUES | SELL | BLOG | PEOPLE'S RUNWAY | HELP — Visit ASOS.com

FASHION WEEK, EVERY WEEK

ABOUT MARKETPLACE | ITEMS YOU LOVE | BOUTIQUES YOU LOVE | JUST IN

GET INSPIRED

Pleats Please

Erdem and Jonathan Saunders were just two of the design big guns to pin tuck their way to pleated success for 'SS11. Feminine and demure, a midi length pleat also allows us to indulge in our most favourite springtime fashion activity; extreme skirt swishing.

SHOP NOW

BLOG

Fashion Manifesto

"I' ve been criticised for being too skinhead led, but my designs are there for those who seek them out. People are bored of looking like all their mates at the bar on Friday night. I make clothes for people who want to be listened too" - *Thomas Codd.*

READ MORE

HANDPICKED

Our Marketplace edit

BOUTIQUE SPOTLIGHT

Madam Popoff

We owe Madam Popoff a Venti favour. Many a sticky clothing situation has been sorted by her genius vintage stylings. We've bought everything from '60s uptown shifts, ingénue inducing pastel pleated skirts and a '70s collection that would cause the whole of Studio 54 to stop, swivel and stare. Ready to shop yourself silly?

Madam Popoff sell dresses, tops, cardigans, jumpers and more.

THE PEOPLE'S RUNWAY

The best of Marketplace street style

精明购：

作为为数不多的可直接运送至国内的网站，ASOS以廉价英伦时尚、折扣低为最大亮点。在ASOS不管买多少，运费都是10英镑，这样算下来比找代购可要划算很多了。它们家是走英国皇家邮政Parcel Force的，所以包裹可是很安全的哦。另外在结账的时候，也要记住在google搜索看看“ASOS discount code”或者“ASOS Coupon”，注意一下使用期限，好处多多哦！ASOS经常会有打折，加上英镑贬值，很多衣服真的比国内买便宜多啦！

美中不足:

我总觉得在浏览ASOS网页的时候速度比较慢，还真是要有耐心。另外，比较忧心的是收到货物的时间，我下过两次单，第一次竟然耗时将近一个月左右才收到东西。ASOS运送周期是28个工作日，如果你的货物超过这个日期还没拿到手，可能就是中途丢失了，记得第一时间联系退款或者重新发送哦！

Raffaello-network（意大利）

Raffaello是一家极具意大利特色的奢侈品网站，这个购物网站经营的产品包括时尚服饰、鞋包配饰类以及童装。值得一提的是，Raffaello大牌云集，Gucci、Prada、Armani、Tod's等大家耳熟能详的奢侈品品牌都在旗下，同时，还为海内外广大网购达人们提供了众多设计师款的手袋、领带和鞋履，丰富的资源堪称网上大型精品百货，在意大利是网络销售第一名的靠谱网站。

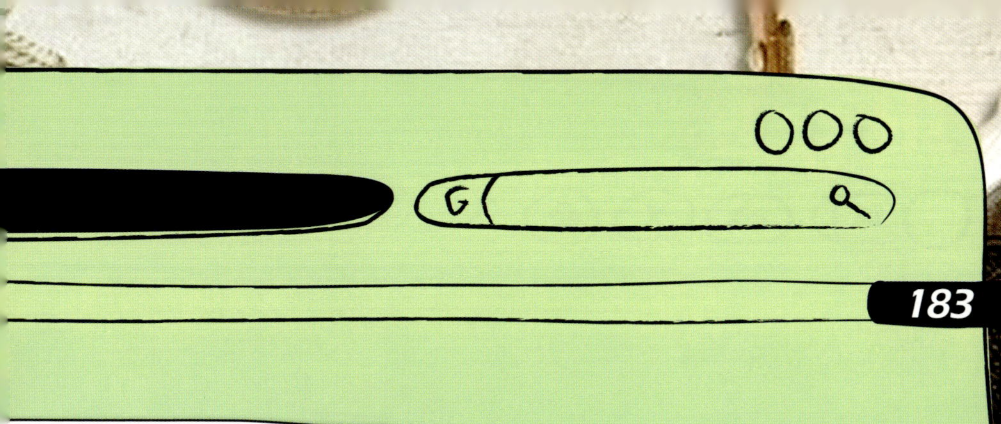

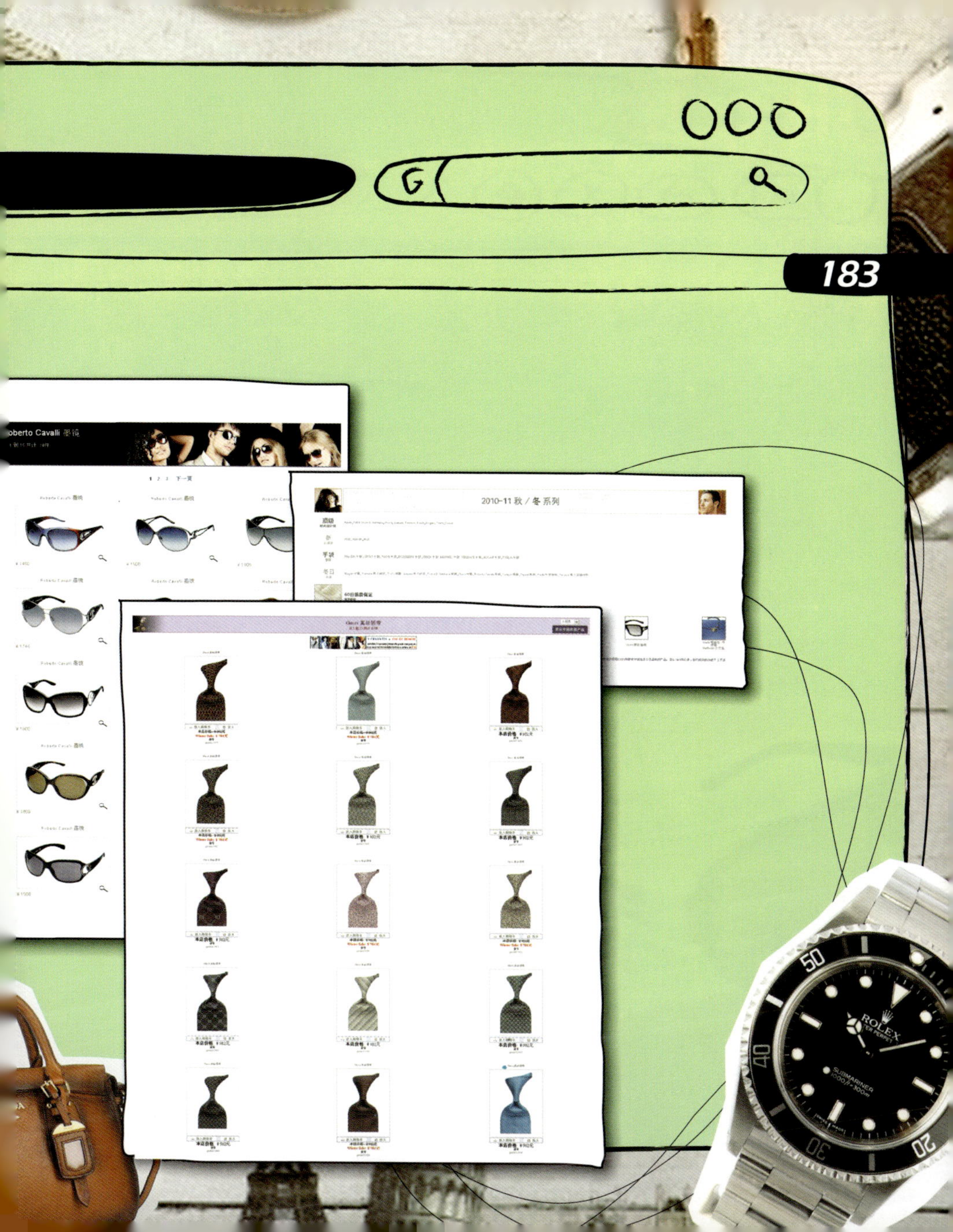
oberto Cavalli 墨镜
1 2 3 下一页
2010-11 秋/冬系列
ROLEX
SUBMARINER

精明购:

Raffaello集约型销售模式以及在意大利本地进货的渠道，让消费者们可以拿到零售店4折后的优惠价格，这可是让很多MM欣喜的一点啊！最重要的是，这家网站还有中文服务的哦！只要换到中文页面，商品页会显示欧元和人民币两种价格，方便大家作对比，很赞！

关于大家普遍关注的关税问题，它们家也有一向的处理方式，所有关税和消费税已经事先由Raffaello缴付完毕，无需另外支付此方面费用。运往中国的货品运费统一为$44.80，可以使用支付宝付款，甚至还提供其他境外网站上几乎看不到的货到付款服务，并承诺60天内无偿免费退款保证（货品必须是没被穿过的）。

美中不足：

Raffaello货源不断，不过可选择的品牌和产品还是有限的，毕竟不能指望所有的大牌都提供这么低的折扣是不是？所以对品牌忠诚度强的MM来说，在Raffaello好比老鼠跌到米缸里咯。另外，Raffaello在首页上也很少会有折扣信息或优惠活动的更新，人家打折还是很低调的，MM们必须做好了功课才能有大收获。

AdamBeauty（日本）

AdamBeauty主要经营批发及零售日本品牌化妆品，不同于其他购物网站，AdamBeauty其实是一个私人的日妆代购网，但因其品牌齐全、货品正而成为MM们网购的新宠。店主Adam在日本有多年化妆品工作经验，采购的产品来自香港及日本，而且基本都是日本原产，品牌也很丰富，例如SHISEIDO、Kanebo、SOFINA、KOSE、ALBION等等都有，在此不一一列举了，喜欢性价比高的日妆的MM们可以去看看哦。

HTTP://WWW.ADAMBEAUTY.COM

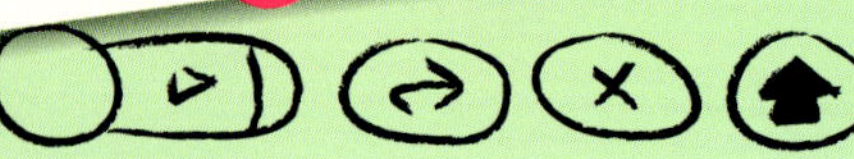

在AdamBeauty上可以买到其他大型购物网站买不到的日系产品，种类算是很齐全了，除此之外我发现AdamBeauty还兼卖一些日本健康类饮品、饰品手袋、日式家居文具等等，成为gift shop，种类不多，但不失为一种渠道。如在AdamBeauty可以找到日本花草茶，还有有一阵淘宝上大家都很热衷的Gunze丝袜。长混OL、天使论坛的MM们应该都知道这个网站，口碑很好。我自己买过一回，回复消息速度很快，也很专业，不会给你模棱两可的感觉，收到东西后的货品清单也很清楚，一目了然，强推！

美中不足：

唯一美中不足的大概就是私人网站的平台操作起来肯定不会像大型网站那么专业了，客服通过mail来确认订单，在转账后也是通过mail来告知网站，怕麻烦又性急的MM会觉得不如大型网站方便。另外，在AdamBeauty不管消费多少，都是按照RMB20的快递费来结算，满500才免邮费，买得多还好，买少了就会觉得有点不合算，费用太高了。

图书在版编目（CIP）数据

在家淘世界 / 黄海明月著. — 济南 ：山东美术出版社，2011.6
（我的 fashion 生活志）
ISBN 978-7-5330-3443-6

I. ①在… II. ①黄… III. ①电子商务－基本知识 IV. ① F713.36

中国版本图书馆 CIP 数据核字（2011）第 093711 号

项目统筹：张　芸
责任编辑：陆　莹
封面设计：梁文婷 徐春红
排版制作：徐春红
主管部门：山东出版集团
出版发行：山东美术出版社
济南市胜利大街 39 号（邮编：250001）
http://www.sdmspub.com
E-mail:sdmscbs@163.com
电话：（0531）82098268　传真：（0531）82066185
山东美术出版社发行部
济南市胜利大街 39 号（邮编：250001）
电话：（0531）86193019　86193028
制版印刷：山东临沂新华印刷物流集团有限责任公司
开　　本：150×180 毫米　32 开　6 印张
版　　次：2011 年 06 月第 1 版　2011 年 06 月第 1 次印刷
定　　价：29.00 元

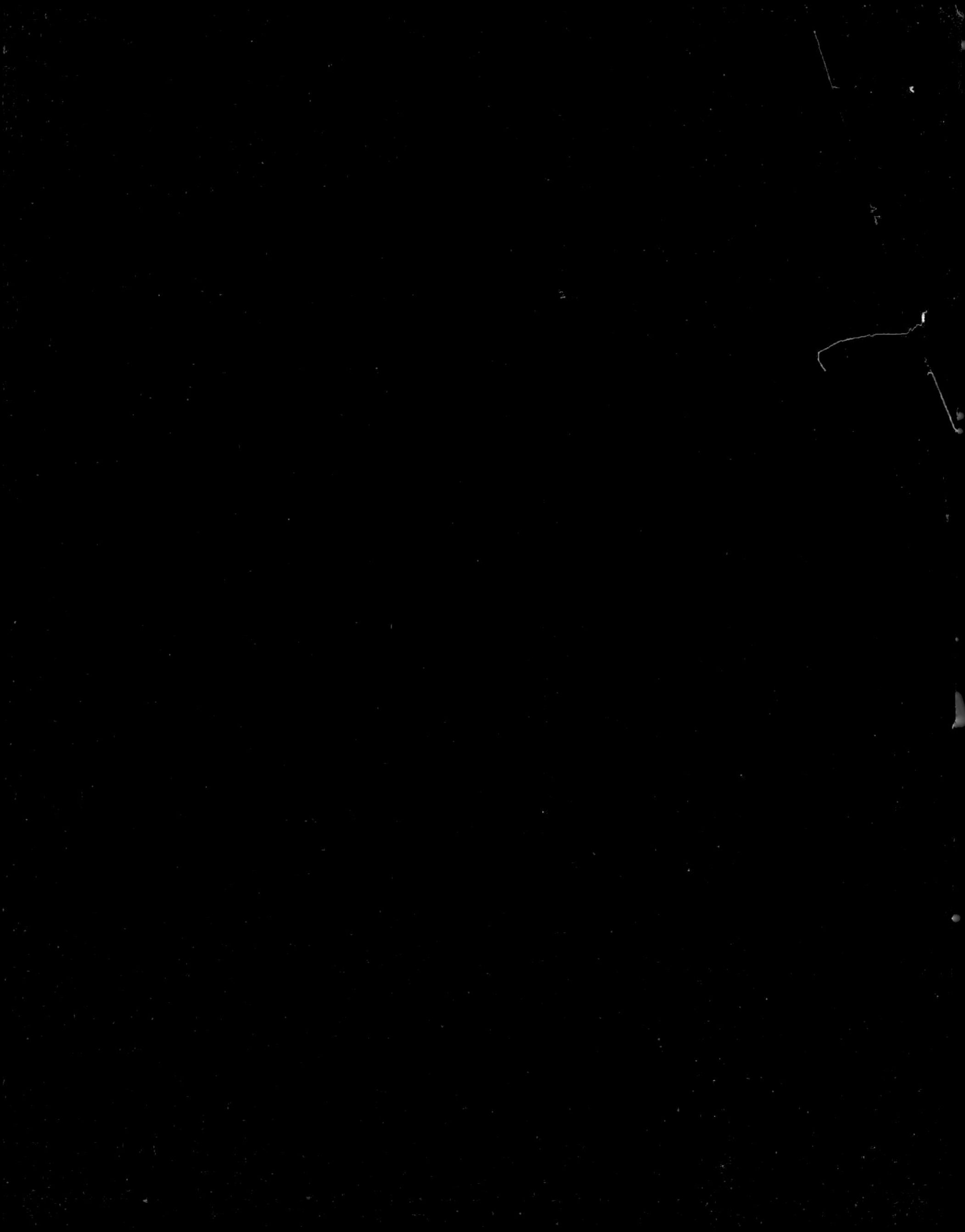